ライブラリ わかりやすい心理学▶5

わかりやすい
家族心理学

榎本 博明 著

サイエンス社

はじめに

　この本は，家族心理学をはじめて学ぶ人を想定し，基本的な事項から最新の知見までをわかりやすく解説した入門書です。多くのテキストにありがちなように，実験や調査の結果をモザイク的に羅列するのでは，なかなか理解が進まず，意義ある学びにも楽しい学びにもなりません。そこで，それぞれの知見が何を意味するのかがよくわかるように，日常生活と結びつけた記述を心がけました。

　家族の危機ということがしばしばいわれます。結婚によって新たな家族が生み出されるわけですが，晩婚化が進んだり，結婚しない人が増えたり，結婚しても子どもはいらないという人もいたりして，結婚とは何か，家族とは何か，家族が担う機能にはどのようなものがあるのか，といった疑問が突きつけられています。そうした流れの中で少子化も進み，深刻な社会問題となっています。

　家族の中における子どもの成育過程をみても，不登校・ひきこもりが急増し，とくにひきこもりの長期化により成人後も社会に出ていけない人が急増し，大きな社会問題になっています。

　児童虐待や夫婦間暴力などの問題も表面化しており，育児ストレスや夫婦間コミュニケーションについての検討が盛んに行われています。

　家族心理学は，このような多くの問題をはらむ近年の家族について，心理学の立場から研究する学問です。

　第1章では，家族心理学とはどういう学問かを簡単に解説します。

　第2章では，家族にはどのような機能があり，それが近年の社会変動に伴ってどのように変容しつつあるかを検討し，家族の健康性についてのモデルも紹介します。

　第3章では，家族の心理構造の特徴をつかむために有効な家族システム論を取り上げ，その基本的な概念や特徴的な視点について解説します。

　第4章では，結婚の実態や配偶者選択の基準などを明らかにするとともに，未婚化や晩婚化，非婚化の背景となる要因を探ります。

第5章では，夫婦の勢力関係や結婚生活への満足・不満の実態をとらえるとともに，夫婦間コミュニケーションの問題点について検討します。さらに，しばしば問題となる中年期以降の夫婦関係の危機の実態について検討します。

第6章では，子育てストレスや育児不安など，子育てにまつわる親の心理的問題とその対処法について解説するとともに，父親の育児参加の実態やそれが配偶者や子どもの発達に与える影響について検討します。

第7章では，養育者との間に形成されるアタッチメントの発達とその重要性について検討するとともに，子どもの自立を阻害する親の側の分離不安など親と子の相互自立の問題について検討し，さらには父親像が子どもの発達に与える影響についてみていきます。

第8章では，生まれてから死ぬまでの個人の発達段階と同じように，家族にも発達段階を設定し，それぞれの発達段階の特徴を探り，各段階において対処すべき課題について検討します。

第9章では，子育てに必要な養育性について検討するとともに，それに関連して日本の子育て文化の特徴を検討します。さらに，母子密着や愛着障害，親子の役割逆転など，親子間の臨床心理学的問題について検討します。

第10章では，児童虐待の動向と実態，児童虐待をもたらす心理的要因，さらには対処法について検討します。

第11章では，夫婦間暴力の実態と心理的背景，夫婦間コミュニケーションのリスク要因などについて検討します。

第12章では，主として不登校・ひきこもりの実態と心理的背景，その対処法にみられる問題点について検討します。

最後に，このライブラリの企画およびこの本の執筆に際してお世話になったサイエンス社編集部の清水匡太氏に心から感謝の意を表します。そして，この「ライブラリ わかりやすい心理学」が，多くの読者の役に立つことを願っています。

2025年2月

榎 本 博 明

目　　次

はじめに ……………………………………………………………………… i

第 1 章　家族心理学とは　1
1.1　家 族 と は …………………………………………………… 2
1.2　家族心理学の確立 …………………………………………… 6

第 2 章　家族の機能とその変容　11
2.1　家族の機能 …………………………………………………… 12
2.2　社会変動に伴う家族機能の変容 …………………………… 16
2.3　家族の健康性 ………………………………………………… 20

第 3 章　家族の心理構造　25
3.1　システムとしての家族 ……………………………………… 26
3.2　家族システムの鍵概念 ……………………………………… 28
3.3　家族システム論に特徴的な視点 …………………………… 38

第 4 章　結婚への態度　43
4.1　結婚に対する意識 …………………………………………… 44
4.2　結婚の実態 …………………………………………………… 46
4.3　配偶者選択 …………………………………………………… 50
4.4　未婚化・晩婚化・非婚化 …………………………………… 54

第 5 章　夫婦関係の心理　59
5.1　夫婦関係理解の構造的枠組み ……………………………… 60
5.2　結婚への満足・不満 ………………………………………… 64
5.3　夫婦間コミュニケーション ………………………………… 66

5.4	夫婦関係における中年期の危機	72
5.5	夫婦関係における老年期の危機	78

第6章　親 の 心 理　83

6.1	子育てストレス	84
6.2	育児不安による問題とその支援	90
6.3	父親の育児行動と家族の適応	96

第7章　親子関係の心理　109

7.1	アタッチメントの発達	110
7.2	親離れ・子離れ	120
7.3	揺れる父親像	126
7.4	説得的コミュニケーションの技法	132

第8章　家族のライフサイクルと発達段階　133

8.1	家族発達段階論	134
8.2	各発達段階で対処すべき課題	136

第9章　次世代を育てるのに不可欠な養育性　153

9.1	養育性とは	154
9.2	子育て文化にみる日本社会の特徴と現状	158
9.3	母子密着と愛着障害	164
9.4	親子関係における役割逆転	168

第10章　児 童 虐 待　171

10.1	児童虐待とは	172
10.2	児童虐待の動向と実態	176
10.3	児童虐待の心理的要因	180
10.4	虐 待 不 安	186

目　　次　　　　　　　　v

　10.5　児童虐待への対処法　……………………………………… 188

第11章　夫婦間暴力　189

　11.1　夫婦間暴力の実態　………………………………………… 190

　11.2　夫婦間暴力のリスク要因　………………………………… 198

　11.3　夫婦間暴力の予測　………………………………………… 204

第12章　子どもにみられる諸問題　209

　12.1　不登校・ひきこもり　……………………………………… 210

　12.2　自　　殺　…………………………………………………… 220

　12.3　学　業　不　振　…………………………………………… 224

引 用 文 献　…………………………………………………………… 229

人 名 索 引　…………………………………………………………… 249

事 項 索 引　…………………………………………………………… 252

著 者 略 歴　…………………………………………………………… 254

家族心理学とは

1.1 家族とは

　家族というのは，あまりにも身近なものであるため，「家族とは何か？」というように改めて考えることはないかもしれません。もし「家族とは何か？」と考えるとすれば，「親は子どものためを思うものと世間でいわれ，映画やテレビドラマでもそのように描かれているけれども，自分の親は自分優先で子どものことなどほとんど考えてくれない」「友だちはみんな家族といるとホッとするというけれども，自分は家族といるとイライラして落ち着かない」というように，自分の家族が一般にいわれている家族像とかなり違った様相を呈している場合でしょう。つまり，家族というものに対して何か疑問を感じるときに，「家族とは何か？」と改めて問うことになります。

　したがって，多くの人にとっては，家族というのは自明のものであり，改めてその定義について思いをめぐらすことなどないのでしょうが，家族について研究するには，きちんと定義する必要があります。そこで，まずはじめに家族についての定義をみていくことにしましょう（表1-1）。

　岡堂（1991）によれば，家族心理学という概念が日本の心理学史上で最初に使われたのは，詫摩・依田編著『家族心理学』（1972）であり，その中で詫摩は，家族，家族心理学，家族と家庭の差異について，次のように記述しています。

①家族とは，夫婦を中心とし，親子，きょうだいなどの近親者がその主要な構成員で，相互に愛情や家族意識によって結ばれて共同生活を営み，人間的・文化的な生活をともにしている集団である。

②家族心理学あるいは家族の心理学というのは，まだ充分に定着していない言葉であるが，家族間の心理学的問題を扱う領域である。具体的には，親子・きょうだい間のさまざまな人間関係，結婚や離婚に関する諸問題，家族の成長と崩壊などが，研究課題として取り上げられる。心理学のなかでは，発達心理学，社会心理学，集団力学，性格心理学，異常心理学等と密接に関連し，家族社会学，法社会学，精神医学，社会福祉，人口問題とも接点をもつ問題領域も多い。

③家庭というのは家族が共同生活を営んでいる場所をさすことが多い。家族と

表 1-1　家族の定義

「家族とは，夫婦を中心とし，親子，きょうだいなどの近親者がその主要な構成員で，相互に愛情や家族意識によって結ばれて共同生活を営み，人間的・文化的な生活をともにしている集団である」（詫摩・依田，1972）

「家族は，本来人間が自分の子孫を産み育て，人間性を培い，さらに価値や財産を次の世代に伝えるためにつくられたもので，時や所が異なればさまざまな形をみせるにしても，歴史の風雪に耐えて維持されてきた小集団である」（岡堂，1991）

いう場合には，人が中心であるが，家庭という場合は家のなか，あるいは場所が問題となっている。住居と食事を共同にし，別居中の家族員を除外し，同居している非家族員を包含する集団を世帯という。

　岡堂（1991）は，時間軸も考慮しつつ，「家族は，本来人間が自分の子孫を産み育て，人間性を培い，さらに価値や財産を次の世代に伝えるためにつくられたもので，時や所が異なればさまざまな形をみせるにしても，歴史の風雪に耐えて維持されてきた小集団である」としています。さらに，「老若男女といった年齢や性の異なる人たちから構成される家族は，人間という種にとって基本的な必要を満たすもの」であり，「身体面の世話，感情面の支えあるいは知的な交流などの要求や，子どもの養育や行動の制御，意思の疎通や性愛などの欲求は，基本的には家族の関係を通じて充足されるものであろう」と言います。
　なお，岡堂（1991）は，家族という言葉にはさまざまな意味が込められているとし，①機能上の家族，②法律上の家族，③心理面の家族，④関係上の家族，⑤血縁上の家族，の5つに分類しています（表 1-2）。そのどれもが家族のもつ重要な面をあらわしています。
　そのような意味をもつ家族が，うまく機能していれば家族成員は心理的に安定した生活を送ることができるでしょうが，うまく機能しない場合は家族成員は心理的に不安定になり，社会適応上の問題が生じることもあります。とくに，家族の中に生まれ，そこで発達初期の人格形成が行われる子どもにとって，家族の影響はとりわけ大きく，どのような家族の中で生まれ育つかによって人生が大いに左右されるといってよいでしょう。
　なお，個人の発達という観点からみていくと，人は家族の中に生まれ育ち，やがて成長し大人になると新たな家族を形成するといった流れになります。前者，つまり子どもからみて自分が生まれ育った家族のことを定位家族（あるいは出生家族または原家族）といいます。そして後者，つまり結婚によって新たに形成される家族を生殖家族（創設家族あるいは婚家族）といいます。ただし，後者に関しては，結婚して新たな家族を形成しても子どもを生まないという選択もあり，同棲して一緒の家族のように暮らしていても結婚しないという場合

1.1 家族とは

表 1-2　家族の意味（家族観）の分類（岡堂，1991）

①**機能上の家族**……生活を共にし，日々見つめあい，家事を共有しあっている人々の集団としての家族である。

②**法律上の家族**……法律的に認定されている家族である。実親子だけでなく，養子とその親も，法律上は家族とみなされている。

③**心理面の家族**……家族の人々が，わが家族と認めている場合である。血縁もなく，法律上の家族でもない人を家族の一員のように認める場合や，血縁があるのに，心理的には家族から排除する場合もある。

④**関係上の家族**……長い間，相互にかかわりあい，信頼しあっている関係を特徴とする家族である。

⑤**血縁上の家族**……生物学的な絆で結ばれた家族である。

もあるので，生殖家族や婚家族という言い方があてはまらないケースもあります。

家族心理学の確立

　家族の機能や家族の人間関係を研究対象とする心理学として，アメリカでは1984年に家族心理学会が設立されましたが，日本でも同じく1984年に日本家族心理学会が設立されました。その創設15周年を記念して刊行された『家族心理学事典』（日本家族心理学会，1999）のまえがきにおいて，岡堂は家族心理学について，次のように述べています（表1-3）。

　「家族心理学は，1980年代に登場した心理科学の新しい領域である。その背景には，2つの世界大戦を経験し，核兵器の恐怖，高度の情報化社会に直面し，また自己実現の美名に隠れての自体愛的な利己主義の蔓延が，家族がもつ健康維持機能を喪失させてきた事情がある。

　心の問題に家族が関与しているという民間伝承に加えて，心理臨床的な援助の取組みのなかで，問題をもつ個人への支援だけでは解決が困難な事例に対処するために，家族や地域への心理学的な支援が始まった。（中略）文明先進諸国では，家族の基盤である夫婦関係の脆弱化，親子孫などの世代間支援関係の崩壊が進行し，子どもや老人，難病患者や障害者などの社会的弱者に社会的，心理的な諸問題を続発させている。

　家族心理学は，このような社会的変動の渦中で，家族病理の心理学的な解明と援助に関心をもつ臨床心理・発達心理・人格心理等の心理学領域の研究者・実践家たちの努力で創設された分野である。」

　このように新たな心理学分野として登場した家族心理学ですが，そこには臨床心理学の流れと発達心理学の流れをみることができます。

　岡堂（1999a）のように，臨床心理学に軸足を置く研究者は，親子関係や夫婦関係における葛藤，家族の担う機能の脆弱化など，家族がはらむ問題を明らかにし，そうした家族病理への対処法を検討するのに役立つ知見を生み出すのが家族心理学の使命であると考えます（表1-4）。そこでは主に家族システム

表 1-3　家族心理学とは

「文明先進諸国では，家族の基盤である夫婦関係の脆弱化，親子孫などの世代間支援関係の崩壊が進行し，子どもや老人，難病患者や障害者などの社会的弱者に社会的，心理的な諸問題を続発させている。

家族心理学は，このような社会的変動の渦中で，家族病理の心理学的な解明と援助に関心をもつ臨床心理・発達心理・人格心理等の心理学領域の研究者・実践家たちの努力で創設された分野である。」

（日本家族心理学会，1999）

理論が採用されています。

　家族は血縁の絆で結ばれた人々による生活体システムであるとする岡堂（1999b）は，家族システムには次のような特徴があると言います。

①家族は，複数の個人が相互に結びつき構成するシステムである。

②患者やクライエントと呼ばれる人は，病める家族システムのSOS信号である。

③家族内部には，夫婦，親子，同胞などのサブシステムがある。

④サブシステムの構造化に応じて，勢力の配分と階層ができる。

⑤家族内では個人の自立性に諸段階がある。

⑥家族内の相互作用，コミュニケーションには，独特の構造と過程とがある。

⑦家族システムは，時間の経過に伴って変化するが，その過程には諸段階がある。

　家族システムについては，第3章で詳しくみていきます。

　一方，柏木（2003）のように，発達心理学に軸足を置く研究者は，親子関係の発達，親の養育態度と子どものパーソナリティ形成，夫婦関係の形成と変容，親としての心の発達など，家族関係と心の発達の一般法則を探究しつつ，未婚化や少子化，子育てストレスと育児困難，父親の育児参加と父子関係，親子の相互自立の遅れと母子密着，夫婦間コミュニケーションと結婚満足度など，今の時代に即した家族の発達上の特徴をあぶり出すのが家族心理学の使命であると考えます（表1-4）。

　実際には，両者の知見はけっして切り離されたものではなく，適切に組み合わせることで，家族関係の実態把握，家族関係におけるさまざまな問題の解明，家族関係に影響する文化的要因の解明等が進み，それを踏まえた家族の健康性の増進，家族関係における諸問題の解決に貢献することが期待されます。

表 1-4　家族心理学にみられる 2 つの源流

臨床心理学の流れ……親子関係や夫婦関係における葛藤，家族の担う機能の脆弱化など，家族がはらむ問題を明らかにし，そうした家族病理への対処法を検討するのに役立つ知見を生み出すのが家族心理学の使命であると考える。（岡堂，1999a など）

発達心理学の流れ……親子関係の発達，親の養育態度と子どものパーソナリティ形成，夫婦関係の形成と変容，親としての心の発達など，家族関係と心の発達の一般法則を探究しつつ，未婚化や少子化，子育てストレスと育児困難，父親の育児参加と父子関係，親子の相互自立の遅れと母子密着，夫婦間コミュニケーションと結婚満足度など，今の時代に即した家族の発達上の特徴をあぶり出すのが家族心理学の使命であると考える。（柏木，2003）

2

家族の機能と
その変容

2.1 家族の機能

2.1.1 家族が担う諸機能

私たちは，家族の中で生まれ育ち，やがて新たな家族を形成していくことになりますが，そのような家族はさまざまな機能を担っています。

岡堂（1999）は，家族のもつ機能として，衣食住を確保し生命・生活を維持していく機能，個人および家族が直面する危機に対処し，それを克服していく機能の2つをあげています（表 2-1）。

柏木（2003）は，家族の機能を対内的機能と対外的機能に分けています。対内的機能とは，家族成員の必要から生じた機能であり，具体的には休息，食，性など生理的欲求を充足させる機能や子の養育機能が含まれます。対外的機能とは，社会が求める機能であり，具体的には労働力の提供および再生産機能，生産機能や消費機能が含まれます（表 2-1）。

エプスタインたち（1993）は，家族の機能について，さらに具体的に示しており，問題解決，コミュニケーション，家族内役割，情緒的応答性，情緒的親密性，行動制御の6つをあげています。問題解決とは，家族機能の有効性を維持すべく問題を解決する能力を指します。コミュニケーションとは，言語的および非言語的情報が家族内で交換される様式のことです。家族内役割とは，家族機能を遂行するために家族成員が繰り返す行動パターンのことです。情緒的応答性とは，他の家族成員に対して適切なやり方で情緒的に反応する能力を指します。情緒的親密性とは，個々の家族成員の活動や関心に対して家族が全体として関心を示し，尊重することを指します。行動制御とは，家族の置かれた状況に対処するために家族が用いる行動パターンのことです（表 2-1）。

ビーバーズとハンプソン（2000）は，家族機能として有能性，凝集性，指導性，情緒表出性をあげています（表 2-1）。

このように家族機能に関してはさまざまな分類がなされていますが，これらの研究者が提示している家族機能を概念的に検討してみると，①生計維持機能（衣食住の充足），②養育機能（子どもの養育および社会化），③保護・介護機能（病人・怪我人の世話，高齢者・障害者の介護），④家族内コミュニケー

表 2-1　家族が担う諸機能

岡堂（1999）
　衣食住を確保し生命・生活を維持していく機能
　個人および家族が直面する危機に対処し，それを克服していく機能

柏木（2003）
　対内的機能＝家族成員の必要から生じた機能
　　休息・食・性など生理的欲求を充足させる機能，子の養育機能
　対外的機能＝社会が求める機能
　　労働力の提供および再生産機能，生産機能，消費機能

エプスタインたち（1993）
　問題解決……家族機能の有効性を維持すべく問題を解決する能力
　コミュニケーション……言語的および非言語的情報が家族内で交換される様式
　家族内役割……家族機能を遂行するために家族成員が繰り返す行動パターン
　情緒的応答性……他の家族成員に対して適切なやり方で情緒的に反応する能力
　情緒的親密性……個々の家族成員の活動や関心に対して家族が全体として関心を示し，尊重すること
　行動制御……家族の置かれた状況に対処するために家族が用いる行動パターン

ビーバーズとハンプソン（2000）
　有能性，凝集性，指導性，情緒表出性

ション機能（情緒的安定性や自己受容を促進し，意思の疎通を促進するようなコミュニケーション），⑤社会的適応機能（家族システムの発達段階に合わせて家族関係のあり方を調整し，発達的および偶発的な家族の危機にうまく対処すること）の5つに類型化することができます（表2-2）。

　エプスタインたちやビーバーズとハンプソンがあげている家族機能は，ここで④にあげた家族内コミュニケーション機能に含めることができます。その一部は⑤にもかかわってきます。⑤は①～④の4つの機能を社会的必要性に応じてうまく駆使する機能であると言い換えてもよいでしょう。これらの機能をどの程度発揮できるかによって，個々の家族の健康性を評価することができます。家族の健康性については，この章の終わりのほうで取り上げることにします（2.3節参照）。

2.1.2　家族適応性と家族危機

　家族の各成員は，それぞれに社会に適応していく必要がありますが，家族にはそれぞれの成員の社会適応をサポートする役割が求められます。そうした役割を果たせているかどうかが家族の適応性です。

　家族適応性として，岡堂（1999）は，家族が日常生活の上で取り組む課題を解決する能力と，安定を維持していく働きをあげています。すなわち，うまく機能している家族は，日常生活で取り組むべき課題を解決することで安定を維持していくことができ，うまく機能していない家族は日常生活で取り組むべき課題を解決することができず安定を維持することができない，とみることができます。岡堂は，若い夫婦が乳児のニーズに的確に対応できるレベルから，課題への対応に失敗して子どもの発達遅滞を引き起こさせてしまうレベルまで，家族適応性には諸段階があるというように，具体例をあげています。

　岡堂（1999）はまた，家族心理療法が必要な家族には，家族危機に際して的確な対応がとれなかったケースが多いとしています。たとえば，カムシルとエプスタイン（1994）は，家族機能と青年期の子どもの抑うつとの関係を検討し，家族における凝集性と適応性に対する満足の水準が青年の抑うつ傾向と強く関係していることを見出しています。

表 2-2　家族機能の類型化

①生計維持機能（衣食住の充足）

②養育機能（子どもの養育および社会化）

③保護・介護機能（病人・怪我人の世話，高齢者・障害者の介護）

④家族内コミュニケーション機能（情緒的安定性や自己受容を促進し，意
　思の疎通を促進するようなコミュニケーション）

⑤社会的適応機能（家族システムの発達段階に合わせて家族関係のあり方
　を調整し，発達的および偶発的な家族の危機にうまく対処すること）

16　　　　　　　　第2章　家族の機能とその変容

このように家族の適応性としては，家族危機に際してうまく対処できるかどうかが問われます。家族危機とは，家族が対応を迫られている危機的状況を指しますが，それには発達的危機と状況的危機があります。発達的危機とは，家族の発達に伴って必然的に生じ，各発達段階において多くの家族が対応を迫られる危機のことです。状況的危機とは，倒産や失業，災害や事故，不況，病気など，偶発的に生じ，たまたま特定の家族が対応を迫られる危機のことです（図2-1）。

2.2　社会変動に伴う家族機能の変容

2.2.1　社会変動と家族の変化

家族に求められる機能には，ほぼ普遍的と考えられるものもありますが，社会変動に伴い希薄化してきたものもあります。そうした動きの中で，家族が担う主要な機能にも変化がみられます。

家族機能の変化に大きな影響を与えているのは産業化の波です。たとえば，農業を行うことでコメや野菜を得ていた家族がコメや野菜を買うようになったり，衣服を縫ったり編んだりしていた家族が衣服を買うようになったり，料理をしていた家族が総菜を買うようになったりすることで，家族機能の中の生計維持機能における生産機能の比重が軽くなっていきます。また，子どもの養育をしていた家族が子どもを養育機関に預けるようになったり，老親の世話をしていた家族が老親を高齢者施設に預けるようになったりすることで，家族機能における養育機能や介護機能の比重が軽くなっていきます。

何でも産業化しようとする動きの中で，実際にそうした家族機能の希薄化が加速度的に進行しています。

2.2.2　家族機能の縮小＝外部化

佐藤（1996）は，家族の機能が福祉から幸福へと主観的・心理的な色彩を強めていると指摘しています。家族がケアの機能をもつ福祉志向集団から，主観的・情緒的な幸福追求集団へと変容しつつあるとする森岡（2000）の指摘も，

発達的危機 家族の発達に伴って必然的に生じ，各発達段階において多くの家族が対応に迫られる危機

状況的危機 偶発的に生じ，たまたま特定の家族が対応を迫られる危機

図 2-1　家族の危機

同じ動きに着目したものとみなすことができます。

　ここでいう福祉機能とは，先にあげた筆者の家族機能類型では保護・介護機能に相当しますが，この機能に限らず，サービス産業の発展や福祉政策の充実に伴って，従来家族が担っていた機能の外部化が着実に進行しています。たとえば，家で料理をせずに外食や総菜を買うことが増えたり，裁縫や編み物をせずに衣類はすべて買ったりと，外食・食品産業の発展や工業製品のコストダウンにより，生計維持機能の外部化が急速に進行しています。炊事・掃除・洗濯等を代行する家事代行サービスまであります。養育機能も同様です。子どもの養育は親の努めといった伝統的価値観の崩壊，夫婦共に社会に労働力を提供すべきといった社会の風潮，さらには保育サービスの充実によって，子どもの養育機能の外部化が大規模に進行中です。

　こうした家族機能の外部化の流れは，家族にはどのような機能が残されるのか，そもそも家族という制度は今後も必要なのかといった議論さえ生んでいるのです。結婚する必要性を感じないという人が増えていることが少子化につながっている面もあると思われますが，結婚によって得られるものがないと感じるのも，家族機能が空洞化していることを意味するのではないでしょうか。

　佐藤（1996）が家族の機能が福祉から幸福へと主観的・心理的な色彩を強めているとし，森岡（2000）が家族がケアの機能をもつ福祉志向集団から主観的・情緒的な幸福追求集団へと変容しつつあるとするように，多くの機能が外部化されることで家族に残される機能は，愛情や情緒的な触れ合いによって気持ちを安定させる機能（家族内コミュニケーション機能）ということになりそうです。

　衣食にしても，子どもの養育や高齢者の介護にしても，家族が担っていた機能を外部に依存することによって，家族がそれを担う能力は弱まっていきます。そうした家族機能の脆弱化への対応として，社会福祉政策の強化やサービス産業の振興がますます必要とされているというのが，紛れもなく現代の家族が置かれている状況です（図 2-2）。

　しかし，もう一方で考えなければならないのは，家族がかつて担っていた機能の再生・強化といった方向の模索です。たとえば，家族成員が子どもの養育

2.2 社会変動に伴う家族機能の変容

家族機能の外部化

外食・総菜等の飲食・食品産業の発展，
工業製品のコストダウン，
保育サービスの充実，介護支援サービスの充実，……

家族機能の脆弱化への対応

保育・介護など社会福祉政策のさらなる強化やサービス産業の
振興により，家族機能の脆弱化を補う方向

家族がかつて担っていた機能を再生・強化する方向

新たな家族機能を模索する方向

図 2-2　家族機能の脆弱性とその対応

機能をよりよく発揮したり，病者や高齢者に対する介護機能をよりよく発揮したりできるように，教育的働きかけをしたり補助的役割を果たすということも重要な意味をもつと考えられます。さらには，家族が担う新たな機能を創出できれば，家族機能の強化につながるでしょう。

家族の健康性

2.3.1　オルソンの家族円環モデル

　家族の健康性に関するモデルの一つにオルソンたち（1979，1983）の家族円環モデルがあります。そのモデルでは，凝集性，適応性，コミュニケーションの3つの家族機能によって，家族システムが健全に機能しているかどうかをとらえようとします（表2-3）。

　凝集性とは，家族成員間の情緒的な絆のことで，いわば心理的距離をあらわします。凝集性が高すぎると個々の成員の自立性が阻害され，お互いに巻き込まれすぎる膠着状態となり，低すぎると家族としてのまとまりがなく，それぞれがバラバラの遊離状態となります。その中間で，適度な凝集性がみられるときに，結合と自立のバランスがとれた健全な状態とみなされます。

　適応性とは，状況的あるいは発達的な家族危機に際して，構造・役割・ルールを変化させる，つまり臨機応変に相互の関係性を調整することで，うまく適応していく能力のことです。適応性は，家族システムが柔軟であるか硬直化しているかで評価されます。あまりに柔軟すぎると無秩序で混沌としてしまい，反対に柔軟性がないと硬直化してしまい，いずれの場合も適応性を発揮することができません。その中間で，適度に構造化されつつ適度な柔軟性をもつときに，構造化と柔軟性のバランスがとれた健全な状態であり，家族危機に対する適応力が高いとみなされます。

　コミュニケーションとは，凝集性や適応性に偏りがある場合や状況的あるいは発達的な家族危機に遭遇した場合に，積極的かつ効果的なコミュニケーションを用いて，適度な凝集性と適応性の実現を促す家族のコミュニケーション能力のことです。

表 2-3　オルソンの家族円環モデル

凝集性，適応性，コミュニケーションの３次元で家族機能の健全性をとらえるもの

凝集性……家族成員間の情緒的な絆＝心理的距離
　　凝集性が高すぎる場合：個々の成員の自立性が阻害され，お互いに巻き込まれすぎる膠着状態となる。
　　凝集性が低すぎる場合：家族としてのまとまりがなく，それぞれがバラバラの遊離状態となる。
　　その中間で，適度な凝集性がみられるときに，結合と自立のバランスがとれた健全な状態とみなされる。

適応性……状況的あるいは発達的な家族危機に際して，臨機応変に相互の関係性を調整することで，うまく適応していく能力
　　柔軟すぎる場合：無秩序で混沌としてしまい，適応性をうまく発揮できない。
　　柔軟性がない場合：硬直化してしまい，適応性をうまく発揮できない。
　　その中間で，適度に構造化されつつ適度な柔軟性をもつときに，構造化と柔軟性のバランスがとれた健全な状態であり，家族危機に対する適応力が高いとみなされる。

コミュニケーション……凝集性や適応性に偏りがある場合や状況的あるいは発達的な家族危機に遭遇した場合に，積極的かつ効果的なコミュニケーションを用いて，適度な凝集性と適応性の実現を促す家族のコミュニケーション能力のこと

2.3.2　ビーバーズの家族システムの健康度モデル

　ビーバーズたち（1983，1990）は，臨床的な問題をもつ子どもを生み出しやすい家族かどうかという観点から，家族病理と結びつけた家族システムの健康度モデルを提唱しています（表2-4）。

　ビーバーズたちは，家族のスタイルを遠心的家族スタイルと求心的家族スタイルに区別します。これは，青年期の子どもが家族から分離独立していく過程を観察することで，遠心的パターンと急進的パターンに区別したスティアリンの分類に基づくものです。

　遠心的家族スタイルとは，家族とその外部との境界が薄く，そのため家族成員を家族内に引きとめる力が弱く，結果として家族成員を外部に押し出す傾向が強くなります。このような家族では，子どもは家の中に安定した居場所が得られず，心理的に不安定になったり，家族外に居場所を求めるかのように未成熟なままに自立を試みたりしがちです。家族の外部で適切な仲間集団を居場所にできる場合はよいのですが，時に凝集性の高い非行集団で疑似家族的な関係をもったりすることもあります。

　求心的家族スタイルとは，家族とその外部との境界が厚く，そのため家族成員を家族内に引きとめる力が強く働き，結果として家族成員がお互いに依存し，自立しにくくなります。このような家族では，子どもは親に自立の足を引っ張られ，親離れ・子離れがスムーズにいかず，自立が阻害されがちです。求心力がとくに強い場合は，分離不安が強まり，安心して社会に出ていくことができず，不登校・ひきこもりといった深刻な問題が生じることもあります。より深刻な場合は，親子共生状態に陥ることで，統合失調症の症状を呈しやすいとされています。

2.3.3　エプスタインたちの家族機能モデル

　2.1.1項の家族機能のところで，エプスタインたち（1993）が，家族の機能として，問題解決，コミュニケーション，家族内役割，情緒的応答性，情緒的親密性，行動制御の6つをあげていることを紹介しました（表2-1）。これら6つの家族機能が適切に機能しているかどうかによって家族の健康性を評価す

2.3 家族の健康性

表 2-4 ビーバーズの家族システムの健康度モデル

家族のスタイルを遠心的家族スタイルと求心的家族スタイルに区別して，その健康度をとらえるモデル

遠心的家族スタイル……家族とその外部との境界が薄く，そのため家族成員を家族内に引きとめる力が弱く，結果として家族成員を外部に押し出す傾向が強くなる。

求心的家族スタイル……家族とその外部との境界が厚く，そのため家族成員を家族内に引きとめる力が強く働き，結果として家族成員がお互いに依存し，自立しにくくなる。

るのが，エプスタインたちによって提唱された**家族機能のマクマスターモデル**（エプスタインたち，1978，1983）です。

　家族が見舞われる問題を解決する能力があり，適切なコミュニケーションが行われ，家族成員それぞれが必要な役割を果たし，相互に適切な情緒表現ができ，相互に適度な関心を向け，家族が置かれた状況に対して適度な柔軟性をもって行動を調節できるとき，家族機能が効果的に働いていることになり，その家族は健康であるとみなされます。家族機能が効果的に働いていない場合，その家族は臨床的に問題をもつ病理家族とみなされます。

家族の心理構造

3.1 システムとしての家族

3.1.1 家族をシステムとしてとらえる

　家族の心理構造を理解するにあたって有用なのが家族システム論です。家族システム論では，家族を1つの有機体であるかのように扱います。システムというのは，相互に依存し合う構成要素からなっており，システム内のある構成要素の変化は他の構成要素の変化を促し，その結果としてシステム全体の変化が生じることになります。この考えを家族にあてはめたのが家族システム論です。

　家族システム論では，家族は個々の家族成員同士の相互関係によって成り立つ生きたシステムとみなされます。その中には，父親（夫），母親（妻），息子，娘といった構成要素があり，システムによっては祖父や祖母などの構成要素が含まれます。これらの構成要素が，夫婦，母子，父子，きょうだいなどのサブシステムを構成します。もちろん，1人の人物がサブシステムを構成することもあります（図3-1）。

　家族システム論では，ある構成要素（特定の人物）に問題が生じた場合，その構成要素のみにアプローチするのではなく，サブシステムやシステム全体に働きかけることを目指します。そこでは，サブシステムの構造やサブシステム間の関係が変化することで，家族システムが変わり，その結果として問題になっている構成要素にも変化が生じるという考え方が前提となっています。

3.1.2 問題を起こした個人ではなく，家族全体の歪みに目を向ける

　思春期の子に何らかの問題が生じた場合などは，一般的には，その子個人の問題として理解し，対処しようとします。それに対して，家族システム論の立場からは，たまたまその特定の個人において問題が表面化したけれども，その問題の根はその個人にあるのではなく，家族というシステムの歪みにあるとみなし，家族システムを健全化することによって，個人にあらわれた問題を解決しようとします。もちろん，どこに問題の根があるかは個々の事例によって異なります。夫婦というサブシステムのあり方に問題があるのかもしれないし，

3.1　システムとしての家族

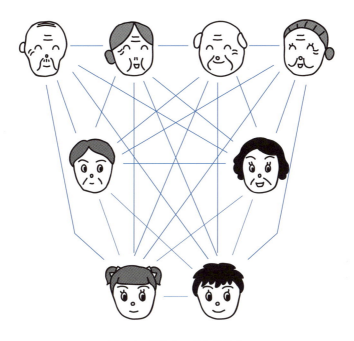

図 3-1　家族というシステム

父子とか母子といったサブシステムのあり方に問題があるのかもしれません。あるいは，祖父と父，祖母と母といったサブシステムのあり方に問題があるのかもしれません。そこで，個々の家族成員同士のかかわり方，サブシステムのあり方やサブシステム同士の関係性を検討していくことになります。

3.2 家族システムの鍵概念

構造的家族療法の創始者であるミニューチン（1974）は，システムとしての家族における成員間の関係のあり方の特徴を分析するための枠組みとして，家族の心理構造に着目しました。そして，それぞれの家族関係を規定するルールを理解するための鍵となる概念として，境界，提携，勢力の3つを重視しています（図 3-2）。

3.2.1 境　　界

家族という上位システムの中には，個々の家族成員というサブシステム，あるいは複数の家族成員が結びついたものとしてのサブシステムが含まれます。システムやサブシステムを仕切るのが境界です。たとえば，家族全体としてのシステムと社会あるいは周囲の他の家族システムとの間を仕切る境界があります。両親で構成されるサブシステムと子どもたちで構成されるサブシステムの間には，世代による境界があります。父と息子で構成されるサブシステムと母と娘で構成されるサブシステムの間には，性別による境界があります。祖母―母親―娘というサブシステムと父親というサブシステムの間に境界があるといったケースや，父親―娘というサブシステムと母親―息子というサブシステムの間に境界があるといったケースもあり得ます（図 3-3）。

境界がとくに問題となるのは，境界が極度に堅固で相互作用が生じにくい遊離状態と，境界が極度に不明瞭で自他の区別がない未分化状態です。

遊離状態とは，家族の成員間やサブシステム間の境界が強固で相互に浸透しにくいことを指します。近所づきあいも親戚づきあいもなく，親子とも友だちづきあいがほとんどないような家族は，社会との間に強固な境界があり，社会

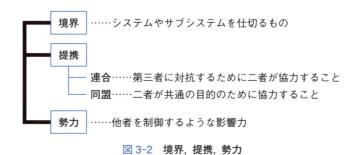

図 3-2 境界, 提携, 勢力

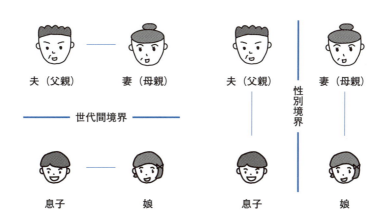

図 3-3 サブシステム間の境界の例

との関係において遊離状態にあることになります。子どものしつけをはじめとして家庭のことはすべて妻任せで，職場の人間関係にどっぷり浸かって夜も休日もめったに家にいない夫は，妻や子どもとの間に強固な境界があり，妻子との関係において遊離状態にあるといえます。夫が他の家族成員と遊離しているだけでなく，子どもと母親との間にもほとんどコミュニケーションがなく，妻＝母親と子どもとの間にも強固な境界がある場合は，家族がバラバラの遊離状態にあるといえます。

このように，個々の家族成員やサブシステム同士がお互いにほとんどかかわりがないような動きを示す家族を遊離家族といいます（図3-4）。遊離家族では子どもの非行がみられがちであるとされます。

未分化状態とは，家族メンバー間やサブシステム間の境界が不明瞭で，相互の自立性が低く，お互いに強く依存し合っていることを指します。結婚してからも実家の母親から心理的に自立することがなく，何かにつけて実家の母親に相談したり愚痴をこぼしたりと心理的に依存し続ける妻の存在は，夫婦というシステムと実家というシステムとの境界を不鮮明にし，両システムを未分化にしてしまいます。その結果，夫婦間の問題が実家をも巻き込んだりして，夫婦というシステムを不安定にしがちです。母親が子どもを自分の分身のようにみなし，一心同体であるかのような反応を子どもに期待し，子どももその期待に無意識のうちに応えて母親からの自立性が極度に乏しく，相互に自立ができていない共生状態では，母子の境界は不鮮明で，母子は未分化状態になるため，母子密着が進み，親離れ・子離れが困難になりがちです。母子密着だけでなく，父子密着もあれば，両親と子どもの境界が不鮮明な親子密着もありますが，家族成員間の境界が不鮮明である場合，相互の依存性がきわめて高く，それぞれの自立性が低いため，家族成員は，事あるごとに互いに巻き込まれ，振り回されることになります。

このように境界があいまいで自他が未分化な状態にある家族を網状家族あるいはもつれ家族（亀口，1999）といいます（図3-5）。このように家族成員同士が未分化で，共生的な愛着関係がみられる家族では，統合失調症のような精神病的徴候がみられがちであるとされます。

3.2 家族システムの鍵概念

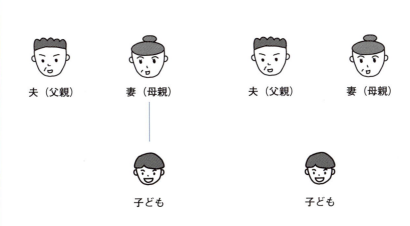

a.「夫＝父親」と「妻＝母親と子どもの
サブシステム」が遊離状態

b.「夫＝父親」と「妻＝母親」と「子
ども」が遊離状態

図 3-4 遊 離 状 態

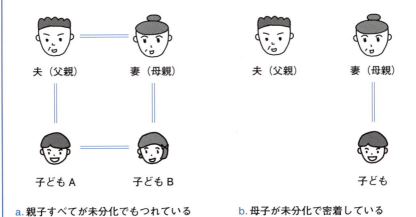

a. 親子すべてが未分化でもつれている

b. 母子が未分化で密着している

図 3-5 未分化状態

一般に，ある家族成員間あるいはサブシステム間の境界が遊離状態にあるとき，別の成員間あるいはサブシステム間の境界が未分化状態にあったりします。たとえば，母子密着，父親の心理的不在などといわれる状況は，母親と子どもの間の境界が未分化で，母子で形成されるサブシステムと父親との境界が遊離しているとみなすことができます。

3.2.2 提　携

提携には，連合と同盟があります。ヘイリー（1976）によれば，連合は，第三者に対抗するために二者が協力することを指します。一方，同盟は，二者が共通の目的のために協力することを指し，第三者との敵対関係は含みません。ここでは，しばしばみられがちな連合に絞って解説することにします。典型的にみられる連合として，アルコール依存症により家族に乱暴を働く父親に対抗して母子が連合する場合や，仕事で不在がちで家庭内のことには一切無関心かつ無責任な父親に対抗して母子が連合する場合などがあります。

平木（1999）は，グリックとケスラー（1980）による家族連合の類型を参考にして，連合を典型的な5つに類型化しています。榎本（2021）は，それをさらに7つの連合に改変して類型化しています（図3-6）。その際，わかりやすいように典型的なものとして，父親，母親，息子，娘の四者を構成要素とする家族システムを想定しています。

1. 夫婦間の連合が強力で，親世代と子世代の世代間境界が確保され，すべてのコミュニケーション・チャンネルが等しく機能している望ましいタイプ。

2. 夫婦間の連合が欠けているか非常に弱く，父親―娘，母親―息子といった世代と性を交差した強力な連合があり，それら二者間以外のコミュニケーション・チャンネルは閉ざされており，家族システムが2つのサブシステムに分裂し，全体として機能していない，問題をはらんだタイプ。

3. 夫婦間の連合が欠けているか非常に弱く，父親―息子，母親―娘といった世代を越えた同性の強力な連合があり，それら二者間以外のコミュニケーション・チャンネルは閉ざされており，家族システムが2つのサブシステムに分裂し，全体として機能していない，問題をはらんだタイプ。

3.2 家族システムの鍵概念

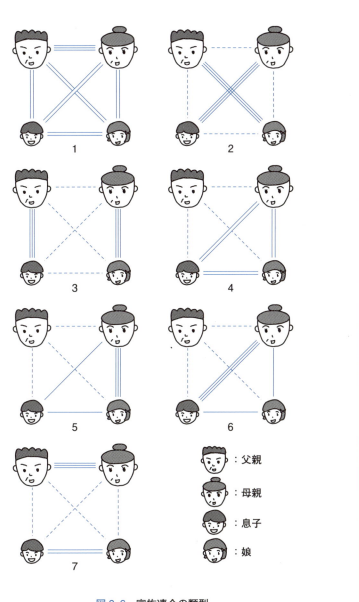

図 3-6 家族連合の類型

4. 母親は子世代のそれぞれと強力な連合を形成しており，子どもたちの連合も強いものの，夫婦間のコミュニケーション・チャンネルや父親と子どもたちのコミュニケーション・チャンネルは閉ざされており，父親は家族の中で孤立し，夫婦間の連合も世代間の境界もみられず，問題をはらんだタイプ。

5. 母親が娘との間にとくに強力な連合を形成し，密着状態にあり，夫婦間のコミュニケーション・チャンネルや父親と子どもたちのコミュニケーション・チャンネルは閉ざされている。息子と母親や娘（きょうだい）との間のコミュニケーション・チャンネルもあまりうまく機能していない。父親は家族の中で孤立し，夫婦間の連合も世代間の境界もみられず，息子もやや遊離気味で，問題をはらんだタイプ。

6. 母親が息子との間にとくに強力な連合を形成し，密着状態にあり，夫婦間のコミュニケーション・チャンネルや父親と子どもたちのコミュニケーション・チャンネルは閉ざされている。娘と母親や息子（きょうだい）との間のコミュニケーション・チャンネルもあまりうまく機能していない。父親は家族の中で孤立し，夫婦間の連合も世代間の境界もみられず，娘もやや遊離気味で，問題をはらんだタイプ。

7. 夫婦間には強力な連合があり，子ども同士のコミュニケーション・チャンネルも開かれているが，親世代と子世代との間のコミュニケーション・チャンネルは閉ざされており，世代間に亀裂があって，親としての子に対する役割が機能していないタイプ。

　問題となる連合の仕方の代表的なものとして，固着した連合，迂回連合，三角関係化があります（図 3-7；平木，1999）。

　固着した連合とは，家族システムのあるメンバーが他のメンバーに対抗して連合し，そのパターンが固定化し，柔軟な対応ができなくなる状態を指します。図 3-6 の 2 にみられる父親―娘，母親―息子といった連合や 3 にみられる父親―息子，母親―娘といった連合，4 にみられる母親―息子―娘といった三者連合などが，その典型的な例です。

　迂回連合とは，二者間のストレスを緩和するために，第三者を自分たちを悩ます問題の原因として攻撃したり，共通の関心を向ける目標としたりすることです。

図 3-7　問題のある連合（平木, 1999）
いずれの場合もシステムの連合はあいまいとなり，世代を越えた母―息子（娘）のサブシステムと父親との対抗という形となりやすい。

たとえば，夫婦の間がうまくいっていないとき，子どもが非行や不登校など
の問題行動を起こすと，両親は子どもの問題行動という共通の関心事，それも
親として力を合わせて取り組まねばならない問題を抱えることになり，それに
よって夫婦間の葛藤を棚上げすることができます。これをシステム論的にみれ
ば，子どもの起こした問題行動は夫婦間の葛藤の緩和に役立っているというこ
とができます。

三角関係化とは，対立する二者それぞれが共通の第三者を自分の味方にしよ
うとすることです（図 3-8）。標的とされた第三者がどちらか一方に味方して
固着した連合を形成することもあれば，その時々でどちらかに味方するという
ように，よくいえば臨機応変に対応することもあります。

たとえば，関係がうまくいっておらずお互いに相手を攻撃し合っている夫婦
が，それぞれに子どもを味方にしようとして配偶者の悪口を子どもに吹き込も
うとするケースなどがあります。そのような場合，一般に子どもと過ごす時間
が圧倒的に多い母親に軍配が上がり，母親—息子あるいは母親—娘といった連
合が形成され，それが固着して父親が孤立し家族の中で安定した居場所をなく
すといったことになりがちです。

アマトとアフィーフィ（2006）は，三角関係化に似た構図を意味する板挟み
感が親子関係の質の悪さに関係することを示しています。川島たち（2008）は，
巻き込まれ感尺度を作成し，夫婦間の葛藤による子どもの巻き込まれ感が抑う
つにつながることを示唆する結果を得ています。廣瀬・濱口（2021）も，巻き
込まれ感が子どもの適応問題と関連していることを確認し，子どもの適応を促
すには巻き込まれ感を低減することが大切であるとしています。

山本・伊藤（2012）は，巻き込まれを「夫婦間葛藤が原因で，親子が三角関
係を形成すること，あるいは親子間の境界が曖昧で不明確になっていること」
と定義した上で，親が子どもを味方にしようとして取り合う「三角関係型の巻
き込まれ」と親子間境界が曖昧であるために融合し不明確になる「境界不全型
の巻き込まれ」に区別しています。そして，巻き込まれ感と大学生の適応との
関係を検討し，「境界不全型の巻き込まれ」が青年期の適応上の問題に関連し
ていることを見出しています（表 3-1）。

3.2 家族システムの鍵概念   37

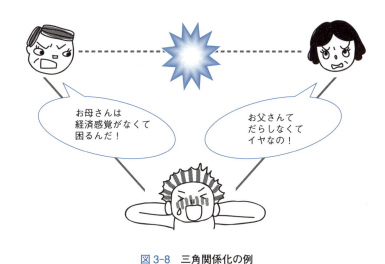

図 3-8　三角関係化の例

表 3-1　「境界不全型の巻き込まれ」をあらわす項目（山本・伊藤, 2012 より）

- 両親は，相手に対する自分の機嫌の悪さをそのまま私に向けてくる
- 両親は，私に相手の悪口や不満を言う
- 両親は，相手のことで機嫌が悪いときに話しかけると，私に対しても当り散らすことがある
- 両親は，私に相手の愚痴をこぼす
- 両親は，私の前であってもよくけんかをする

3.2.3　勢　　力

　勢力とは，他者を制御するような影響力のことですが，家族システムにおける勢力は，個々の家族成員相互の影響力を指します（図3-9）。このような意味での勢力は，だれに対するものであるかによっても，どのような問題に関してであるかによっても異なってきます。家族システム論では，家族システムの構造化に応じて勢力の配分がなされ，その配分によって家族システム内に階層ができると考えられています（国谷，1983）。そして，勢力関係やそれに基づく階層性に強いひずみがみられるとき，問題行動や深刻な葛藤が生じると考えます。遊佐（1984）によれば，勢力とは家族が機能するための機動力のようなものであり，それは適切な境界や提携が前提となって機動力を発揮することになります。

　たとえば，仕事で忙しくて，家庭に不在がちな父親の子どもに対する勢力は，母親が父親と子どもをどうつなぐかにかかっています。そこには，夫婦や親子というサブシステムのあり方が関係します。そのあたりを境界や提携といった概念で検討するのです。

　勢力には，消極的な形で行使するタイプのものもあります。たとえば，甘やかされて育った子どもは，親に甘えるといった形で要求や望みをかなえてもらうのであり，受け身ではあっても親に対する勢力は強いといえます。西村・亀口（1991）は，問題行動児をもつ家族では，家族成員間の勢力が偏っており，成員間のコミュニケーションの仕方が偏っていると想定しています。そして，症状が軽減・消失し，家族機能が回復するにつれて，成員間の勢力はより均衡化し，コミュニケーションの仕方にも偏りがなくなるという仮説のもとに，家族療法の進展に伴って勢力が均衡化していくことを実証しています。

3.3　家族システム論に特徴的な視点

3.3.1　二者関係に還元しない

　子どもに何らかの問題行動が生じた場合，母子関係などの特定の二者関係にその原因を求めることが多いものです。それに対して，そのような二者関係に

> **勢力とは**……個々の家族成員相互の影響力。問題によって勢力関係が異なる。

> 【例】
> 子どもの身だしなみや日常の行動に対しては母親が勢力をもち，子どもの進路や問題行動に対しては父親が勢力をもつ。

● **父親が仕事で忙しくて家庭に不在がちな場合**
母親が父親と子どもをどうつなぐかにより，父親が子どもに対して勢力をもてるかどうかが決まってくる。

図 3-9　家族成員間の勢力

還元せずに，家族システム全体の問題としてとらえようとするのが家族システム論の特徴の一つです（表3-2）。

たとえば，子どもの問題行動には母子密着が関係しているということがわかったとしても，そうした母子関係のあり方に夫婦関係の不和や希薄さが影響している可能性もあります。母親が，実家の母親すなわち問題を起こした子どもにとっての祖母から心理的に自立していないことが影響している可能性もあります。このような視点に立ち，何ごとも特定の二者関係に還元せずに，家族システム内のあらゆる関係を検討するのです。

3.3.2　双方向の因果の流れを想定

家族システム論の特徴として，一方向の因果の流れのみでなく，双方向の因果の流れを想定するということもあります（表3-2）。子どもに何らかの問題が生じると，その原因を親の養育態度に求めることが多いものですが，親の養育態度と子どものパーソナリティの関係と同様に，子どものパーソナリティが親の養育態度に影響するといった逆方向の因果の流れを想定することもできます。多くの場合，どちらか一方の因果の流れのみが正しいということはなく，双方向の因果の流れがあって，相互の影響が循環し強化し合っているとみることができます。

たとえば，自立性が乏しく受け身で依存的な子どもになったのは，過保護な親の養育態度のせいであるといった見方がなされることがあります。たしかに過保護が親の分離不安のせいである場合は親の問題とみなしてもよいかもしれませんが，そもそも子どもが自分から動く意欲が乏しかったり，逆に衝動的に動きすぎたりするために，親が過保護・過干渉になった場合は，子どもの性質が親の過保護・過干渉な養育態度を引き出したといえます。

3.3.3　目的論的な受け止め方

家族システム論の特徴として，必要に応じて目的論的な見方をとることがあります（表3-2）。家族の一要素であるだれかに問題が生じたとして，このような問題が生じた原因を遡ってとらえようとするのではなく，この問題には家

表 3-2　家族心理学に特徴的な 3 つの視点

1．二者関係に還元しない

【例】

母子密着の場合でも，その他の関係についての検討も行う。

2．双方向の因果の流れを想定

【例】

子どもに問題が生じたとき，その原因として親の養育態度を検討するだけでなく，子どもが元々もっているパーソナリティについても検討する。

3．目的論的な受け止め方

【例】

子どもに問題が生じたとき，なぜこのような問題が生じたのかと原因を探るだけでなく，この問題は何を目的として生じたのかといった視点での検討も行う。

族システムの歪みを正すという積極的な意味があるとみなすのです。いわば，家族システムの機能不全を解消し，より健全な家族システムを再構築するために，ある個人に問題が生じたとみるのです。つまり，因果論でなく目的論によって，問題行動のもつ意味を理解しようとするのです。

　たとえば，子どもが非行などの問題行動を起こした場合，子どもの非行問題にどう対処するかについて夫婦が協力する必要が生じ，夫がそれまでよりも早く帰宅するようになり，夫婦のコミュニケーションが密に行われるようになったとします。その場合，子どもの問題行動がきっかけとなって，それまで疎遠になっていた夫婦関係の修復が行われたともいえます。これを家族システム論的にみれば，子どもの起こした問題行動は夫婦間の葛藤の緩和に役立っている，あるいは子どもの問題行動は疎遠になっている両親の関係を修復する目的をもったものであったとみなすこともできるでしょう。

結婚への態度

4.1　結婚に対する意識

　少子化が深刻な社会問題となっています。その対策として，経済的支援や育児支援の充実が次々に打ち出されていますが，一向に改善はみられず，少子化は進む一方です。ここで考えなければならないのは，子どもをもつことの前提としての結婚というものに対する意識の変化です。結婚しなくてもよいという人が増えているといわれますが，結婚したいと思う人が減り続けている限り，少子化の問題の解決は期待できません。実際，出生率の低下の大部分は未婚化によって説明できることが示されています（岩澤，2008；廣嶋，2000）。

　NHK放送文化研究所の「日本人の意識」調査は，1973年から5年ごとに実施されていますが，その調査データをみると，結婚しなくてもよいと考える人が増え続けていることが明白です（図4-1）。1993年には，「人は結婚するのが当たり前だ」という人が45％，「必ずしも結婚する必要はない」という人が51％であり，後者がやや多い程度でした。ただし，この時点でも，結婚することを当然のように受け止めている人が5割を割り込んでいるのは注目に値します。その後も，前者は徐々に減り続け，後者は徐々に増え続けて，2018年には，「人は結婚するのが当たり前だ」という人が27％，「必ずしも結婚する必要はない」という人が68％というように，後者が前者の2.5倍にもなっています。こうした意識調査のデータからも，結婚に対する意識が大きく変わってきていることがわかります。もはや結婚するのが当たり前と考える人は，圧倒的に少数派なのです。それは，人は結婚するのが当然という社会規範が弱まっていることを意味します。

　この調査では，人は結婚すべきかどうかという一般論を問題にしていますが，次に自分自身はどうするつもりかを尋ねた意識調査の結果をみてみましょう。内閣府の「令和3年度　人生100年時代における結婚・仕事・収入に関する調査」では，これまで結婚経験のない独身者に対して今後の結婚願望について尋ねています。その結果をみると，20代女性で64.6％，20代男性では54.4％が「結婚意思あり」（「現在，既に予定がある・決まっている」「現在，予定はないが是非したい」「現在，予定はないが出来ればしたい」の合計）となっていま

4.1 結婚に対する意識

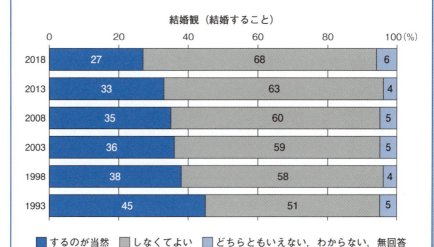

図 4-1 **結婚するのが当たり前か，必ずしも結婚する必要はないか**
(NHK 放送文化研究所，2018)

す。男女共結婚するつもりの人が過半数となってはいますが，結婚するつもりの人が女性で3分の2程度，男性で半数を超える程度しかいないことがわかります。30代では，「結婚意思あり」の女性が46.4%，男性も46.4%であり，共に20代よりかなり少なくなっており，男女共結婚するつもりの人が半数以下になっています（図4-2）。

国立社会保障・人口問題研究所の「現代日本の結婚と出産――第16回出生動向基本調査（独身者調査ならびに夫婦調査）報告書――」においても，18歳から34歳の未婚男女に対して，結婚の意向について尋ねています。その結果をみると，「いずれ結婚するつもり」という未婚者の割合は，1982年から1997年にかけて減少していますが，その後は男性86%前後，女性も89%前後で比較的安定的に推移していました。ところが，2021年には80%を超えてはいるものの男女共顕著に減少しています（図4-3）。

このような意識調査のデータをみると，世間でよくいわれるように，結婚するつもりの人が男女共にこのところ急激に減ってきているというのは事実のようです。

結婚の実態

4.2.1 配偶者や恋人の有無

結婚しているかどうかだけだと，結婚する可能性が濃厚な相手がいる人物も当然のことながら未婚に分類されるため，結婚するつもりがあるかどうかを探るには，未婚であっても恋人がいるかどうか，異性とつきあったことがあるかどうかも考慮する必要があります。

内閣府の「令和3年度　人生100年時代における結婚・仕事・収入に関する調査」では，年代ごとに配偶者あるいは恋人がいるかどうかを尋ねています。その報告書によれば，男女共配偶者がいる人は，20代では15〜20%程度ですが，30代以上では5割を超えており，50代・60代では7割前後となっています。こうした年代別傾向からすれば，20代で配偶者がいなくても，そのうち結婚する者が多いとも考えられます。ただし，20代で「配偶者はいないが恋

4.2 結婚の実態

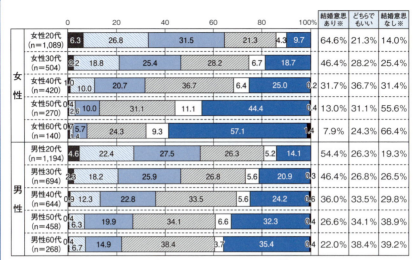

図 4-2　今後の結婚願望（内閣府，2022）

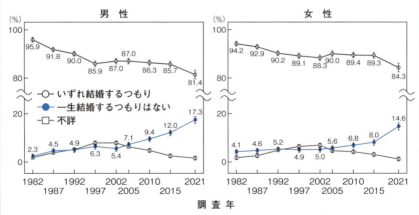

注：対象は18〜34歳の未婚者。図中マーカー上のエラーバーは95%信頼区間を示している。

図 4-3　未婚者の生涯の結婚意思（国立社会保障・人口問題研究所，2023）

人はいる」という者が男性 19.1％，女性 27.3％と少なく，「配偶者，恋人はいない」という者が男性 65.8％，女性 51.4％というように，恋人もいない未婚者が男性で 3 分の 2，女性で半数になります（図 4-4）。さらに，これまでの恋人の人数も尋ねていますが，「0 人」つまり恋人がいたことがないという 20 〜 39 歳の独身の男性が 37.6％，女性が 24.1％となっています（図 4-5）。

4.2.2 結婚のきっかけ

　結婚のきっかけとして，従来は見合い結婚の比率が下がり恋愛結婚の比率が上がるといった傾向から，恋愛がきっかけで結婚に至るというケースが多くなっているとされてきました。

　国立社会保障・人口問題研究所による「社会保障・人口問題基本調査（出生動向基本調査）」のデータをみても，1940 年頃は恋愛結婚の比率が 15％弱なのに対して見合い結婚の比率が 7 割程度と，見合い結婚が圧倒的多数派でした。その後恋愛結婚の比率が上昇し続け，見合い結婚の比率は低下し続け，1960 年代に恋愛結婚と見合い結婚の比率が逆転し，恋愛結婚のほうが多くなりました。その後も恋愛結婚の比率は上昇し続け，見合い結婚の比率は低下し続けて，1980 年代には恋愛結婚の比率が 80％台に乗り，見合い結婚の比率は 10％台になりました。1990 年代後半以降は，恋愛結婚の比率は 80％台後半，見合い結婚の比率は 5 〜 7％で安定していました。ところが，2010 年代後半あたりからネットで知り合い結婚（SNS やマッチングアプリなどを用いて知り合い結婚）というケースが無視できなくなり，2015 年以降に新たな選択肢として加わりました。そして，2021 年の調査では，恋愛結婚の比率が 74.8％に急低下し，逆に見合い結婚の比率は 9.8％にやや上昇し，ネットで知り合った結婚の比率は 15.1％に急上昇しています（図 4-6）。

　このように恋愛結婚の比率がピーク時から多少の低下をみせています。このことは，前項でみたようにこれまでに恋人がいたことがない人が 20 〜 39 歳の独身の男性で 37.6％，女性で 24.1％もいることを考慮すると，恋愛に至るきっかけを得るのが難しくなっていることを意味していると考えられます。それにはネット社会になって対面で知り合う機会が減っていることに加えて，人間関

4.2 結婚の実態

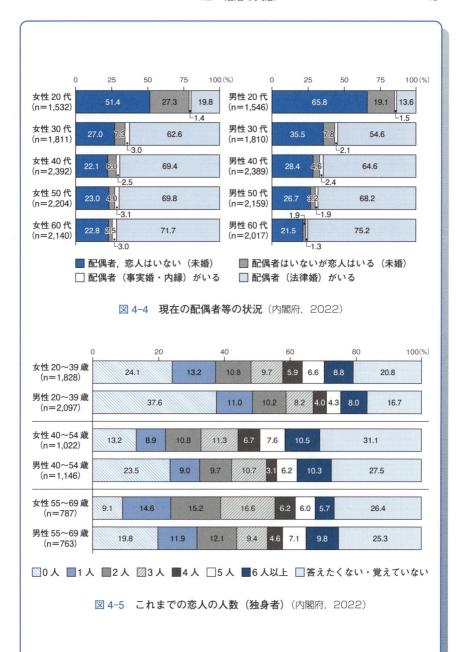

図 4-4　現在の配偶者等の状況（内閣府, 2022）

図 4-5　これまでの恋人の人数（独身者）（内閣府, 2022）

係力の低下も影響しているとみられます。国立社会保障・人口問題研究所「現代日本の結婚と出産——第16回出生動向基本調査（独身者調査ならびに夫婦調査）報告書——」では，独身でいる理由として，「異性とうまくつき合えないから」をあげる者が年々増えていますが，これは人間関係力の低下が恋愛結婚の比率の低下につながっている証拠ともいえます。2021年のデータをみると，18〜24歳の男性の12.3％，女性の7.3％，25〜34歳の男性の20.0％，女性の18.2％が，独身でいる理由として「異性とうまくつき合えないから」をあげています。柏木（2013）は，見合い結婚が少なくなり，ほとんどが恋愛結婚になることで，結婚するためには対人関係スキル，とりわけコミュニケーション能力が重要になってきたとしていますが，コミュニケーション能力の未発達が恋愛の障壁となり，それによって結婚することが難しくなっているといった側面もあるでしょう。実際，中村（2007）は，対人関係能力が高いほど結婚する確率が高いといった傾向が近年強まっていることを示しています。

配偶者選択

4.3.1　配偶者選択の基準

　本章のはじめのほうでみた内閣府による調査では，独身者が積極的に結婚したいと思わない理由として，「結婚に縛られたくない，自由でいたいから」および「結婚するほど好きな人に巡り合っていないから」が男女共主な要因としてあげられています。その他の要因として，「結婚するほど好きな人に巡り合っていないから」（「当てはまる」と「やや当てはまる」の合計：男性40.1％，女性55.3％）や「結婚相手として条件をクリアできる人に巡り合えそうにないから」（同：男性33.5％，女性47.1％）があげられています（内閣府，2022）。これらは望むような相手に巡り合えば結婚するということでもあり，配偶者選択の基準にかかわる要因といえます。

　国立社会保障・人口問題研究所による「社会保障・人口問題基本調査（出生動向基本調査）」では，結婚相手に求める条件について尋ねています。その結果をみると，18〜34歳の男女共「人柄」を最も重視しており，それに次いで

4.3 配偶者選択

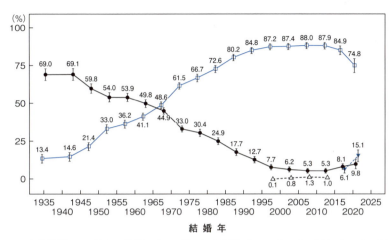

注：対象は初婚どうしの夫婦。第7回は妻の調査時年齢が50歳以上の夫婦を含み，第8回
～第15回は妻の調査時年齢が50歳未満，第16回は妻が50歳未満で結婚し，妻の調査
時年齢55歳未満の夫婦について集計。第7回調査（1930～39年から1970～74年），
第8回調査（1975～79年），第9回調査（1980～84年），第10回調査（1985～89
年），第11回調査（1990～94年），第12回調査（1995～99年），第13回調査（2000
～04年），第14回調査（2005～09年），第15回調査（2010～14年），第16回調査
（2015～18年，2019～21年（6月））による。図中のマーカー上のエラーバーは95%信
頼区間を示している。夫婦が知り合ったきっかけについて「見合いで」および「結婚相談
所で」と回答したものを見合い結婚とし，それ以外の「学校で」，「職場や仕事の関係で」，
「幼なじみ・隣人関係」，「学校以外のサークル活動やクラブ活動・習いごとで」，「友人や兄
弟姉妹を通じて」，「街なかや旅行先で」，「アルバイトで」を恋愛結婚と分類して集計。「メ
ディアを通じて」は第11回から第15回における「その他」の自由記述のうち，（ウェブ）
サイト，インターネットといった内容を抽出したもの。「ネットで」は第16回における新
規の選択肢（「（上記以外で）ネット（インターネット）で」）。回答欄の注に「SNS，ウェ
ブサイト，アプリ等によるやりとりがきっかけで知り合った場合をさします。」と記載され
ている。上記以外の回答（その他・不詳）は，構成には含むが掲載は省略。

図 4-6　恋愛結婚，見合い結婚，ネットで知り合い結婚の比率
（国立社会保障・人口問題研究所，2023）

「家事・育児の能力や姿勢」「仕事への理解と協力」を重視する傾向は，1992年の調査から 2021 年の調査まで一貫しています。それらに次ぐ条件として，女性が「経済力」を重視する傾向が強いのも，1992 年の調査から 2021 年の調査まで一貫しています（図 4-7）。

4.3.2　似た者同士が結びつく傾向

　配偶者同士の条件に関しては，同類婚が多いという指摘が目立ちます。白波瀬（2008）は，学歴と職業の同類婚傾向が強い，つまり学歴や職業の似た者同士が結婚する傾向が強いことを指摘しています。太郎丸（2011）も非正規雇用の女性は非正規雇用の男性と結婚する割合が高いとし，鹿又（2012）も夫と妻の所得に正の相関があるとし，共に同類婚の傾向がみられることを指摘しています。結婚相手に経済力を期待するのは，かつては女性に顕著にみられる傾向とされていましたが，雇用が不安定で将来が不確実な時代になってきたためか，男性も結婚相手となる女性に経済力を期待する傾向が強まっていることが，国立社会保障・人口問題研究所による「社会保障・人口問題基本調査（出生動向基本調査）」の 20 年ほどのデータを分析した諸研究によって確認されています（千田，2011；橋木・迫田，2013）。男性が結婚相手に求める条件として「経済力」を重視する比率は 2021 年のデータで 4.7％と相変わらず低いものの（女性36.3％），「経済力」を考慮する比率は年々上昇し，2021 年には 48.2％とほぼ半数が考慮するようになっています。

　こうした傾向も，学歴や職業の同類婚傾向を強めることにつながっていくと考えられます。永瀬（2016）は，明治安田生命生活福祉研究所の「第 8 回結婚・出産に関する調査」（2014）のデータを分析し，収入の高い男性のほうが結婚相手の女性に経済力を求める傾向があること，また学歴の高い男性のほうが結婚相手の女性の学歴を重視する傾向があることを見出しています。階層社会である欧米と比べて，日本では学歴による同類婚は少ないとされてきましたが，このような傾向は，学歴や職業の同類婚を促進すると考えられます。

　ただし，吉川（2009）が学歴によって価値観やライフスタイルが違うとし，スコペックたち（2011）が学歴が似ていると好みも似ており共通のライフスタ

4.3 配偶者選択

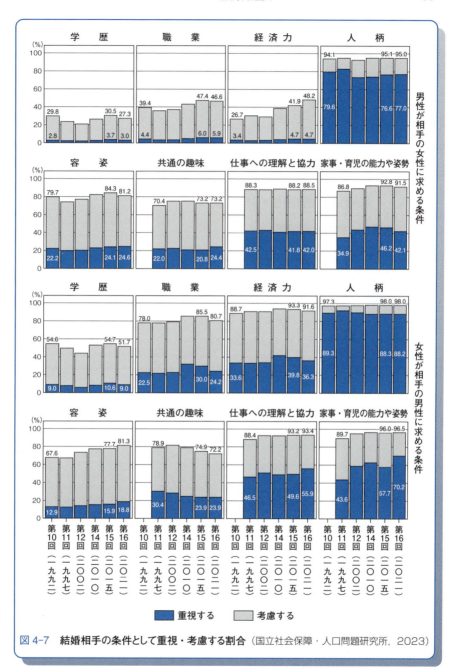

図 4-7 結婚相手の条件として重視・考慮する割合（国立社会保障・人口問題研究所, 2023）

イルをとりやすいとしているように，学歴や職業の同類婚は経済力を互いに相手に求めるというよりも，生き方が似ている相手を選ぶという面が強いととらえてよいでしょう。鎌田（2012）は，学歴の高い男性のほうが結婚相手に共通の趣味をもっていることを重視する傾向がみられるとしていますが，これも一緒に生きていくには価値観が似ていることが必要であることに基づく傾向といえます。

未婚化・晩婚化・非婚化

4.4.1　未婚化・晩婚化の実態

　少子化に関連して，未婚化や晩婚化の進行が注目されています（大風，2022）。**未婚化**は，従来であれば結婚する人が多くなる年齢層になっても結婚しない人が増えることを指します。**晩婚化**は，なかなか結婚せずに未婚の状態が長く続くため，結婚する年齢が高くなることを指します。未婚化傾向が続いた末に結婚するケースが増えれば晩婚化が進行するわけですが，そのまま未婚状態が続き生涯結婚しないということもあります。そのような人が増えるのが**非婚化**です。

　国勢調査のデータをもとに算出された未婚率の推移をみると（図4-8），男女共いずれの年齢層においても未婚率が上昇の一途をたどっていることがわかります。

　とくに顕著なのは，20代後半と30代前半の女性の未婚率の上昇です。20代後半の女性の未婚率は，1980年に24.0％だったのが2020年には65.8％と40ポイント以上も上昇しています。30代前半の女性の未婚率も，1980年に9.1％だったのが2020年には38.5％と30ポイント近く上昇しています。このように，20代後半で未婚の女性が1980年には少数派だったのに2020年には多数派になり，30代前半で未婚の女性が1980年にはまれな存在だったのに2020年にはけっして珍しくなくなってきたのです。

　男性の場合は，20代後半の未婚率はもともと5割を超えていましたが，30代〜40代の未婚率が顕著に上昇しています。30代前半の男性の未婚率は1980

4.4 未婚化・晩婚化・非婚化

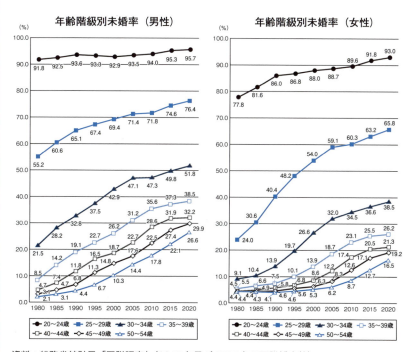

資料：総務省統計局「国税調査」(2015年及び2020年は不詳補完値)

図 4-8　年齢階級別未婚割合の推移（厚生労働省，2023）

年に21.5％だったのが2020年には51.8％，30代後半の男性の未婚率も1980年に8.5％だったのが2020年には38.5％と，いずれも30ポイントも上昇しています。このように，30代前半で未婚の男性が1980年には2割しかいなかったのに2020年にはわずかながらも半数を超え，30代後半で未婚の男性は1980年には1割もいなかったのに2020年には4割に近く，30代で未婚であるのは珍しくなくなりました。40代前半の男性の未婚率も1980年に4.7％だったのが2020年には32.2％，40代後半の男性の未婚率も1980年に3.1％だったのが2020年には29.9％と，いずれも27ポイント前後も上昇しています。このように，40代で未婚の男性は1980年にはほんの数％しかいなかったのに2020年には3割もおり，けっしてまれな存在ではなくなったのです。

　こうした未婚化が進行しているため，生涯未婚率（50歳時点で一度も結婚したことがない人の割合）も，1985年に男性4.3％，女性3.9％だったのが，2020年には男性28.3％，女性17.8％というように，上昇の一途をたどってきました（図4-9）。このような比率の上昇が非婚化と呼ばれる現象をあらわしています。

　平均初婚年齢を示したのが図4-10です。これをみると，男女共に1987年から2021年にかけて初婚年齢は徐々に上昇し続けています。初婚年齢は，1987年には男性28.3歳，女性25.3歳でしたが，2021年には男性30.7歳，女性29.1歳となっており，この34年間で男性は2歳強，女性は4歳弱上昇しています。これは晩婚化が進行していることを示すデータといえますが，女性のほうがその傾向が強いことになります。

4.4.2　なぜ結婚しないのか

　未婚化や晩婚化の要因として，大学進学率の上昇に象徴されるような高学歴化，自由や身軽さを強く求める風潮，親子の相互自立の遅れ，見合い結婚から恋愛結婚への移行に伴う出会いの機会の乏しさ，人間関係能力の未発達などをあげることができます。

　大学を出るのが22歳以降で，それから就職すれば，20代前半に結婚する人が少なくなるのも当然と思われます。積極的に結婚したいと思わない理由とし

4.4 未婚化・晩婚化・非婚化

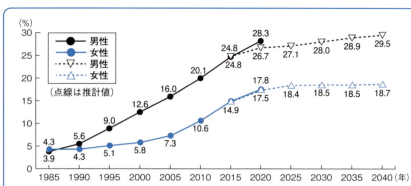

資料：国立社会保障・人口問題研究所『人口統計資料集』，『日本の世帯数の将来推計（全国推計）』(2018（平成30）年推計)

図4-9　50歳時の未婚割合の推移（厚生労働省，2023）

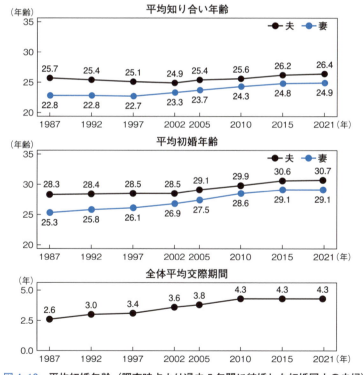

図4-10　平均初婚年齢（調査時点より過去5年間に結婚した初婚同士の夫婦）
（国立社会保障・人口問題研究所，2023）

て「結婚に縛られたくない，自由でいたいから」をあげる独身者が56.6％もおり，独身生活の利点として「行動や生き方が自由」を利点としてあげる者の比率が男女共7割超と突出していることも，自由や身軽さを強く求める風潮が未婚化・晩婚化の要因となっている証拠といえます（内閣府，2022）。パラサイトシングルと呼ばれる現象も，親子の相互自立の遅れを象徴するものといえますが，親子でイベントに出かけたり買い物に出かけたりという楽しみ方が子どもの成人後も続くことで，淋しさを感じることが少なければ，恋愛や結婚に向かう衝動が強まりにくいと考えられます。また，恋愛結婚が中心となり見合い結婚が減り，結婚相手を自分で見つけなければならなくなっていることも，未婚化・晩婚化を促すことにつながります。積極的に結婚したいと思わない理由として，「結婚に縛られたくない，自由でいたいから」に次いで「結婚するほど好きな人に巡り合っていないから」をあげる者も多く5割を超えていることも，その証拠といえます。さらに，独身でいる理由として「異性とうまくつき合えない」があげられているように，ネット社会の影響もあるのか人間関係力が未発達な者が少なくないことも，出会いから恋愛への移行を難しくしており，結果として未婚化・晩婚化を促進していると考えられます（内閣府，2022）。

　栁永（2019）も，個人のソーシャル・キャピタル保有量の衰退，つまり将来の結婚相手にめぐり合う機会をつくる力の衰えが未婚化の進展に大きく関係しているのではないかとしています。ソーシャル・キャピタルというのは，他人との間のネットワークや信頼関係を意味します。

夫婦関係の心理

5.1　夫婦関係理解の構造的枠組み

　夫婦関係を家族システム論の視点から理解しようという場合，夫婦関係の構造に目を向けることになります。佐藤（1999）は，二者関係としての夫婦関係を構造的にみるとき，とくに重要なのは，だれがだれをコントロールするかにまつわる勢力関係（タテ関係），夫婦システムの内部に何が包含されるかとの境界感覚（ヨコ関係），タテとヨコすなわち勢力と境界性の両者を含んだ親密性の問題であるとしています（表5-1）。

5.1.1　勢力関係

　ヘイリー（1976）は，人は相手との関係をコントロールしようとして，常に勢力争いをしており，場合によっては「症状」までもが相手をコントロールするために持ち出されることがあると言います（表5-2）。佐藤は，症状を持ち出されたら，相手は負けてしまう。症状には相手を否応なく束縛する魔力が隠されているからだと言います。

　「例えばひとりで家にいると不安発作を起こす妻が，夫に『心細いから寄り道をしないで早く帰って』と頼んだとする。すると夫は早く帰らざるを得ない。妻は病気なのだ，早く帰れば妻の発作は収まる。しかし夫はそのうち，やりきれなくなる。夜の接待も滞るので，仕事にも響く。しかし妻は『病気なんだからしかたがない』と言うばかりだ。そうして『私がどうなってもいいんですか』と開き直る。このとき夫は次のような逆説的状況に陥っている。

①妻は症状によって夫をコントロールしていることを否定しているので，夫は妻によって『コントロールされている』とはいえない。

②しかし，毎晩，妻の望むように早く帰宅せざるを得ないので，実質的には妻にコントロールされていることを否定できない。」（佐藤，1999）

　夫婦の間では，このような矛盾に満ちた勢力争いが生じがちで，そのことが夫婦関係を複雑なものにする面があります（勢力関係）。

表 5-1　夫婦関係理解の構造的枠組み（佐藤，1999）

①だれがだれをコントロールするかにまつわる勢力関係（タテ関係）
②夫婦システムの内部に何が包含されるかとの境界感覚（ヨコ関係）
③タテとヨコすなわち勢力と境界性の両者を含んだ親密性

表 5-2　勢力関係の問題

お互いに相手を自分の思うようにコントロールしようとして，こうして
ほしいといった自己主張をしたり，相手を束縛しようとしたりして，衝
突が生じることがある。
時に「症状」までが持ち出され，「病気なのだから仕方ない」という形
で相手がコントロールされることもある。

5.1.2 境界感覚

境界感覚というのは，夫婦システムの中に何（だれ）が含まれ，何（だれ）が除外されるかについての感覚のことです。夫婦にとって価値の大きいことがらや人が夫婦システムに含まれることになりますが，その際に夫婦それぞれの思惑にズレが生じがちです。

よくありがちなのが，実家の親やきょうだいなどの親族を含めるかどうか，仕事をどこまで含めるか，趣味をどこまで含めるか，友だちをどこまで含めるかといった境界感覚のズレによる争いです。一方が自分の実家の親とべったりな関係で，配偶者よりも親と心理的に近い場合，配偶者は夫婦関係の絆の希薄さを感じ，疎外感を味わうでしょう。一方が仕事のために私生活が犠牲になるのは当然と考えており，他方が家庭生活を大事にしたいと考えている場合，仕事と私生活のバランスをめぐる争いが起こりがちです。趣味をもつのは大切なことで，夫婦が共通の趣味をもつ場合は問題は起こりにくいのですが，一方のみが特定の趣味に夢中になり，休日になると一人で趣味のために出かけるような場合，取り残される側は疎外感や淋しさを感じ，休日の過ごし方などをめぐる争いが生じがちです。友だちとのつきあい方は人によってさまざまですが，一方が友だちをしょっちゅう家に招いたり，週末には友だちを家に泊めたりと，友だちが夫婦システムの中に入り込み，他方が夫婦水入らずの時間を大切にしたいと思っている場合，友だちをどこまで夫婦システムに侵入させてよいかをめぐる争いが生じがちです（表 5-3）。

5.1.3 親密性

親密性というのは，どこまでお互いに密なかかわりができているかということを意味します。それを情緒的，認知的，身体的などの領域別にとらえようという人もいます。

情緒的親密性とは，心理的距離の近さのようなもので，お互いに自分の気持ちをどこまで率直に伝えているか，あるいは伝えることができる間柄であるかということです。どんな思いも率直に伝えることができる関係であれば情緒的親密性が高いといえますが，どちらかが自分の弱い面や未熟さを見せたくない

表 5-3 境界感覚の問題が生じがちな典型的ケース

- 一方が自分の実家の親とべったりな関係で配偶者よりも親と心理的に近いといったケース

- 一方が仕事のために私生活が犠牲になるのは当然と考えており，他方が家庭生活を大事にしたいと考えているケース

- 一方が特定の趣味に夢中になり，休日になると一人で趣味のために出かけるようなケース

- 一方が友だちをしょっちゅう家に招いたり，週末には友だちを家に泊めたりと，友だちが夫婦システムの中に入り込み，他方が夫婦水入らずの時間を大切にしたいと思っているケース

と思っていたり，相手の情緒面の揺れを受け止めることを負担に感じていたり，一方のみが情緒的なものを垂れ流すような感じだったりすると，しっくりこない関係になりがちです（表5-4）。

　認知的親密性とは，お互いに相手のことをどれだけ知っているかということです。一方が秘密主義で配偶者に自分のことをほとんど話さなかったり，仕事のことは家庭に持ち込まない主義で仕事上で大変なことがあっても配偶者に何も言わなかったりすると，相手は自分は信頼されていないといった感覚に陥ったり，自分に隠している好ましくないことがあるのではないかと疑心暗鬼になったりして，気まずい感じになりがちです（表5-4）。

　身体的親密性とは，身体的接触や性愛行為によって身体的に近い距離をとっているかどうかということです。一方が身体的にとても淡白で，ほとんど触れ合いがない場合で，他方が身体的な触れ合いを求めていると，後者は淋しさを感じたり，相手が他の人に関心を向けているのではないかと疑ったり，自分自身が他の人に癒しを求めたりして，夫婦関係が冷えていくといったことにもなりがちです（表5-4）。

5.2　結婚への満足・不満

　夫婦関係を維持していく上で重要なのは，結婚生活への満足度です。結婚生活への満足度は，調査によって傾向に違いがみられますが，一貫しているのは，どの年代においても妻よりも夫の満足度のほうが高いということです（稲葉，2004；伊藤たち，2009，2014；柏木たち，1996；吉田・津田，2007）。その理由に関しては，いずれのライフステージにおいても妻より夫のほうが配偶者から多くのサポートを受けているとするサポートギャップ仮説（ベル，1982）によって説明されています。これに関して柏木（2013）は，夫にとって妻が主な自己開示の相手になっていることが大きいとしています。つまり，妻は夫だけでなく友人や子どもや親など多様な相手に自分の気持ちや悩みを開示できるのに対して，夫の対人ネットワークは仕事中心で，それ以外の人間関係が乏しいため，自己開示できる相手ももっぱら妻に集中するので，夫は夫婦関係によっ

表 5-4　親密性の問題

①情緒的親密性の問題
どちらかが自分の弱い面や未熟さを見せたくないと思っていたり，相手の情緒面の揺れを受け止めることを負担に感じていたり，一方のみが情緒的なものを垂れ流すような感じだったりするケース

②認知的親密性の問題
一方が秘密主義で配偶者に自分のことをほとんど話さなかったり，仕事のことは家庭に持ち込まない主義で仕事上で大変なことがあっても配偶者に何も言わなかったりするようなケース

③身体的親密性の問題
一方が身体的にとても淡白で，ほとんど触れ合いがないといったケース

て心理的安定を得ることができ，結婚満足度も高くなるのだろうというのです。これに関しては，藪垣たち（2015）が，夫においてのみ情緒的サポートを受けることが夫婦関係の満足度につながっていることを報告しています。

　稲葉（2002）は，配偶者がいるかどうかと**ディストレス**（抑うつ傾向）との関連を調べています。その結果，配偶者の有無は男性のディストレスと強く関係しており，無配偶者のほうに抑うつ傾向がみられるのに対して，女性の場合は配偶者がいるかどうかで抑うつ傾向に違いはみられませんでした（図 5-1）。こうした結果も，柏木（2013）の指摘と同じく，結婚が男性に大きなメリットをもたらしていることを示唆するものといえます。

　結婚生活の進展とともに結婚満足度がどのように変化していくのかに関しても，研究が行われています。一般に，結婚満足度は結婚直前が最も高く，結婚数年後に急激に低下し，その後中年期まで緩やかに低下するとされていますが（カーデク，1999；ヴァン・ラニンガムたち，2001），とくに子育て期に妻の満足度が低下する傾向がみられます。堀口（2000，2002）は，第一子の誕生により夫の満足度はあまり変化がないのに対して妻の満足度は著しく低下し，第二子の誕生後に妻の満足度がさらに低下することを報告しています。これは，子育てに伴う負担がとくに妻の側に重くのしかかることによるものと考えられます。さらに，反抗期などで子どもに手がかかる中年期の頃に夫婦関係は最も悪くなる傾向がみられます（図 5-2）。

5.3　夫婦間コミュニケーション

5.3.1　夫婦間コミュニケーションの 4 つの次元

　夫婦関係に満足かどうかには夫婦間のコミュニケーションが大きくかかわっていると考えられます。平山・柏木（2001）は，夫婦間のコミュニケーション態度を構成する「威圧」「共感」「依存・接近」「無視・回避」という 4 つの因子を抽出しています。「**威圧**」は，命令口調だったり，すぐに怒り出したり，小ばかにしたような受け答えをしたりする態度を指します。「**共感**」は，悩んでいるときに親身になって一緒に考えたり，元気がないときにやさしい言葉を

5.3 夫婦間コミュニケーション

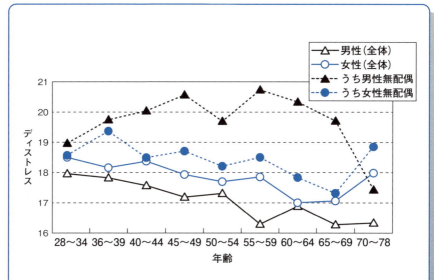

図 5-1　性別・年齢別にみたディストレスの平均値（稲葉, 2002）

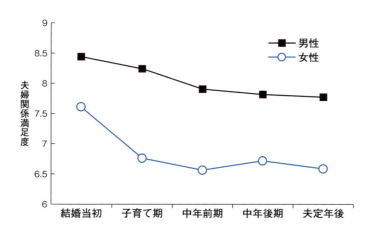

図 5-2　各ライフステージにおける夫婦関係満足度（伊藤, 2015）

かけたり，共感的に耳を傾けたりする態度を指します。「依存・接近」は，悩むときや迷うときに相談したり，相手の意見に従ったり，心を開いて話したりする態度を指します。「無視・回避」は，いい加減な相づちをうったり，上の空で聞いたり，都合が悪くなると黙り込んだりする態度を指します（表5-5）。「共感」と「依存」はポジティブなコミュニケーション態度，「威圧」と「無視・回避」はネガティブなコミュニケーション態度です。この4つの因子の得点をもとに夫と妻のコミュニケーションの特徴を分析しています。夫も妻も「共感」が最も高く，「依存・接近」がそれに次ぐ形で，ポジティブなコミュニケーション態度が中心となっていました。ただし，各コミュニケーション態度を夫と妻で比較すると，ポジティブなコミュニケーション態度である「共感」と「依存」は妻のほうが高く，ネガティブなコミュニケーション態度である「無視・回避」と「威圧」は夫のほうが高いといった性差があることがわかりました。そして，夫に最も顕著なコミュニケーション態度は「威圧」であり，「無視・回避」もかなり顕著であることが確認されました。一方，妻に顕著なコミュニケーション態度は「依存・接近」でした（図5-3）。

　森田・渡邊（2022）は，平山・柏木（2001）の夫婦間コミュニケーション態度尺度を用いて，未就学児をもつ育児期の夫婦間コミュニケーション態度を検討し，「接近・共感」的コミュニケーションは夫より妻のほうが多用し，「回避」的コミュニケーションは妻より夫のほうが多用していることを確認しています。育児期に妻の結婚満足度が急低下するのも，このようなコミュニケーション態度の夫婦間の差によるところが大きいのではないかと考えられます。

　結婚満足度がどの年代でも一貫して夫より妻のほうが低いのは，このように夫がネガティブなコミュニケーション態度を妻に対して向けることが多いからではないかと考えられます。

5.3.2　夫婦間ストレス場面における関係焦点型コーピング

　結婚生活も長く続くと，好ましい状況だけでなく，嫌な状況，厳しい状況，危機的な状況もあるでしょう。たとえば，意見の対立で不穏な空気になったり，誤解が生じて気まずい感じになったり，気分を害して話す気にならなかったり

表 5-5 夫婦間コミュニケーション態度尺度の主な項目 (平山・柏木, 2001 より例示)

項　　目
〈第 1 因子；威圧〉 日常生活に必要な用件を命令口調で言う 話の内容が気に入らないとすぐ怒る
〈第 2 因子；共感〉 相手 (あなた) の悩み事の相談に対して，親身になっていっしょに考える 相手 (あなた) に元気がないとき優しい言葉をかける
〈第 3 因子；依存・接近〉 あなた (相手) 自身の悩み・迷い事があると，相手 (あなた) に相談する 重要なことの決定は，相手 (あなた) の意見に従う
〈第 4 因子；無視・回避〉 相手 (あなた) の話しにいい加減な相づちをうつ 他のことをしながら上の空で聞く

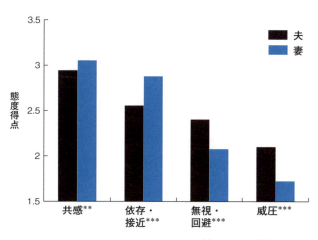

$**p < .01$, $***p < .001$

図 5-3 相手へのコミュニケーション態度得点 (平山・柏木, 2001)

と，夫婦間にストレスがかかる状況に直面することがあるはずです。そうしたストレスがかかる状況でどのようなコミュニケーションをとるかによって，あるいはその積み重ねによって，夫婦関係の良否が決まり，結婚満足度が決まってきます。夫婦関係を良好に保つには，そのようなストレス場面で効果的なコミュニケーションをとることが必要となります。

効果的なコーピングは，問題解決を促し，ストレスによって生じたネガティブな気持ちを和らげてくれます。人間関係をうまくやりくりして維持しようとすることを関係焦点型コーピングといいますが（コインとスミス，1991，1994；オブライエンたち，2009），黒澤・加藤（2013）は，夫婦間のストレス場面における関係焦点型コーピング尺度を作成するにあたって，「普段，ご夫婦での（パートナーとの）生活を送る上で，多少なりともストレスを感じるようなことがあるかもしれません。この場合のストレスとは，『けんかをした』『誤解をされた』『何を話していいのかわからなかった』『相手と方針が違った』などの経験によって，あなたが，緊張したり，不快感を感じたりしたことを言います。普段，どのように考えたり，行動したりしていますか？」と教示し，各項目に示された考え方や行動をとるかどうかを答えてもらいました。回答をもとに統計的に解析した結果，「回避的関係維持」「積極的関係維持」「我慢・譲歩的関係維持」の3因子構造になりました。

回避的関係維持コーピングは，「緊張が落ち着くまで，関わり合わないようにする」「配偶者との適度な距離を保つようにする」「お互いの頭を冷やすため，話をしないようにする」など，一時的にかかわりを回避するものです。積極的関係維持コーピングは，「配偶者が何かに困っているときに，話しあってみようとする」「配偶者をもっと理解しようとする」「配偶者にどんな気持ちか聞いてみる」など，問題解決のために積極的にかかわろうとするものです。我慢・譲歩的関係維持コーピングは，「自分が不安を感じても，それを打ち消したり相手に見せないようにする」「自分が怒りを感じても，それを打ち消したり相手に見せないようにする」「配偶者と意見がぶつからないようにする」など，できるだけ我慢して相手に譲歩しようとするものです（表5-6）。このうち積極的関係維持コーピングは結婚満足度と正の相関を示しましたが，回避的関係

表 5-6　**関係焦点型コーピング尺度の３つの因子と主な項目**
（黒澤・加藤，2013 より例示）

回避的関係維持	• 緊張が落ち着くまで，関わり合わないようにする。
	• 配偶者との適度な距離を保つようにする。
	• お互いの頭を冷やすため，話をしないようにする。
積極的関係維持	• 配偶者が何かに困っているときに，話しあってみようとする。
	• 配偶者をもっと理解しようとする。
	• 配偶者にどんな気持ちか聞いてみる。
我慢・譲歩的関係維持	• 自分が不安を感じても，それを打ち消したり相手に見せないようにする。
	• 自分が怒りを感じても，それを打ち消したり相手に見せないようにする。
	• 配偶者と意見がぶつからないようにする。

維持コーピングは結婚満足度と負の相関を示しました。このように，葛藤状況で積極的に問題解決に向けたコミュニケーションをとることが結婚満足度の高さにつながり，コミュニケーションを回避することが結婚満足度の低さにつながることがわかります。

夫婦関係における中年期の危機

5.4.1　中年期の心理的特徴

　中年期というのは，夫婦関係に限らず，さまざまな面で生き方の転換が求められる時期であり，そのために中年期の危機などといわれたりします。成人後の発達段階と発達段階間の移行について詳細に検討したレビンソン（1978）は，中年期の入り口にあたる40代前半の時期を人生半ばの過渡期（図5-4），つまり中年期への移行期とみなし，生活史的研究に基づいて，その時期の心理的特徴を記述しています。寿命も著しく延び，定年延長や定年後の再雇用が当たり前のようになってきた現在，中年期への移行期は40代後半まで含むと考えるべきでしょう。レビンソンによれば，この時期になると，それまでの生活構造に疑問を抱くようになります。「これまでの人生で何をしてきたのか？　妻や子どもたち，友人，仕事，地域社会――そして自分自身から何を得て，何を与えているのか？　自分のために，他人のために本当に欲しているのは何か？」などと自問します。自分の生活のあらゆる面に疑問を抱き，もうこれまでのようにはやっていけないと感じます。このような問い直しや模索を行うのが，この時期の課題となります。レビンソンは，大多数の人たちにとって，人生半ばの過渡期は自己の内部での闘いのときであり，外の世界との闘いのときでもあり，大なり小なり危機を伴うときであると言います。こうして新しい道を切り拓いたり，これまでの道を修正したりするのに，おおむね数年を要するとレビンソンは言います。

　人生半ばの過渡期には，若さを失うこと，職場などで先輩の立場につくこと，内面的なジレンマを克服することなど，新たな不安に直面することになるとレビンソンは言います。当然，人によって人生で遭遇する出来事の種類や順序は

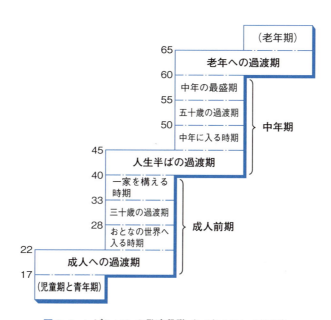

図 5-4　**レビンソンの発達段階**（レビンソン，1978）

さまざまに異なるものであり，過渡期が訪れる時期やその幅にかなりの個人差があるはずです。しかし，不思議なことに，多くの人がこの年代に中年期の危機を経験するのも事実のようです。その背景には，人々を取り巻く社会的状況にはその人の年代によって特徴づけられる部分が少なくないといった事情があるものと考えられます。移行期を経て中年期に突入してからも，体力や身体機能面の衰え，仕事上の限界，将来展望の縮小，気力の衰えなどを思い知らされ，若い頃のように夢を描いてはいられないと感じたり，もう無理はできないと感じたりしがちです。そこで，自分自身の限界や現実社会の制約を踏まえた上で，守るべきものや追求し続けるべきものと捨て去るべきものの取捨選択を行い，過度な欲望を捨て，抑制のきいた生き方への転換が行われます（コラム 5-1）。ただし，その転換は必ずしもスムーズにいくわけではありません。だからこそ中年期の危機といわれるのです。

5.4.2　中年期夫婦の心理的危機

そのような中年期は，夫婦にとっても関係のあり方の再構築が必要となる時期といえます。この時期の夫婦は，思春期の子どもとの関係に頭を悩ますこともあるでしょうし，やがては子どもが進学して下宿生として家を出たり，就職や結婚によって家を出たりして，子ども抜きの夫婦水入らずの生活に突入することになります。思春期の子どもに手がかかる時期に多忙な仕事との両立に頭を悩ます夫も少なくないでしょうし，子どもの学費等の家計経済上の責任や仕事上の責任が重くのしかかるようになり，ストレスを溜め込むこともあるでしょう。親子関係中心に生きてきた妻が，子どもが家を出ていくことで脱力感に襲われるのが空の巣症候群です（コラム 8-1 参照）。仕事中心の夫との関係が希薄であった場合に起こりがちです。

このように仕事中心の夫の生活と子どもとの関係が中心の妻の生活が長く続くことによって生じるのが夫婦関係の希薄化です。夫婦関係中心に家庭運営がなされがちな欧米と違い，親子関係中心に家庭運営がなされがちな日本で問題になるのが，夫婦関係の希薄化とそれによる思いのすれ違いです。

柏木（2013）は，既婚者では配偶者が愛情ネットワークの中心的位置を占め

コラム5-1　不安や不満が渦巻く葛藤の時期

　50歳を目前にして，もう人生の楽しみはほとんど残されていないと沈んだ気分に陥る人がいるが，後にノーベル文学賞を受賞するヘッセの心の中にも，そうした葛藤が渦巻いていたようだ。

　だが，50代を経験し，すでに78歳になったヘッセは，息子ブルーノ宛ての手紙の中で，50歳を前にした葛藤の時期の後には落ち着いた時期がやってくるとし，成熟することにも肯定的な意味があると述べている。

　「四十歳から五十歳までの十年間は，情熱ある人びとにとって，芸術家にとって，常に危機的な十年であり，生活と自分自身とに折り合いをつけることが往々にして困難な不安の時期であり，たびかさなる不満が生じてくる時期なのだ。しかし，それから落着いた時期がやってくる。私はそれを自ら体験したばかりでなく，多くのほかの人たちの場合にも観察してきた。興奮と闘いの時代であった青春時代が美しいと同じように，老いること，成熟することも，その美しさと幸せをもっているのだ。」（ヘッセ　ミヒェルス編　岡田朝雄訳『老年の価値』朝日出版社）

　人生半ばの折り返し点，つまり50歳を目前とした時期には，何らかの行き詰まりを感じ，現在の生活への疑問が湧き，さまざまな葛藤に苛まれる。だが，それがその後の実り多い人生を導くと考えることができる。葛藤するからこそ，より納得のいく生活へと軌道修正していくことができるのである。

（榎本博明『50歳からのむなしさの心理学』朝日新書）

るはずだが，日本の夫婦では少し違うと言います。心理的距離の近さを象徴するものに自己開示があります。つまり何でも率直に自己開示できる相手が心理的距離が近い相手，つまり最も親しい相手ということになります。日本では，何でも話すことができ，最も頼りにしている相手は，男性では圧倒的に配偶者となっています（伊藤たち，2009）。仕事上の仲間にプライベートも含めた率直な自己開示をするのは難しいといった事情もあるのでしょう。柏木は，だれが愛情ネットワークの中核かをみても，大多数の男性が「配偶者型」であるのに対して，女性では多様なタイプがあり「配偶者型」はその一つにすぎないことをあげ，夫と妻では重要な他者としての配偶者の位置が違うのが日本の夫婦の特徴であるとしています。自己開示の相手が圧倒的に配偶者であるだけでなく，配偶者への満足度も妻より高く，配偶者の占める心理的地位が高いのが男性（夫）の特徴といえます。

　このような夫婦生活が長らく続くことで，いつの間にか夫婦関係が危機的な状況に陥っていたりします。柏木（2013）によれば，「この間，男性／夫はしごとで多忙，ネットワークも仕事がらみで，妻や子まして近隣とのネットワークは否応なくなおざりになります。妻はこのことに最初は不満をもつものの，やがて夫との関係に期待するのは諦め，『留守がいい』と自分の活動とネットワークの拡大へと向かわせているのです」。それによって夫婦それぞれの個人化傾向が強まっていますが，その傾向はとくに妻のほうに強くみられます。岡村（2001）の調査研究において，「できるだけ夫婦の時間よりも一人の時間を大切にする」（夫23％，妻43％），「新しく趣味をはじめるときには，自分だけでやりたい」（夫32％，妻59％），「夫婦は，一緒の墓に入らなくてもよい」（夫20％，妻38％）などの項目をみても，20〜30ポイントほどの差があり，夫より妻のほうに個人化傾向が著しいことがわかります。その後も，中年期以降に女性の個人化志向が強まることが多くの研究で報告されています（伊藤・相良，2010；長津，2007）。

5.4.3　問題解決の回避傾向

　夫婦関係における妻の個人化傾向を促す要因として，前節でみたような夫の

5.4 夫婦関係における中年期の危機

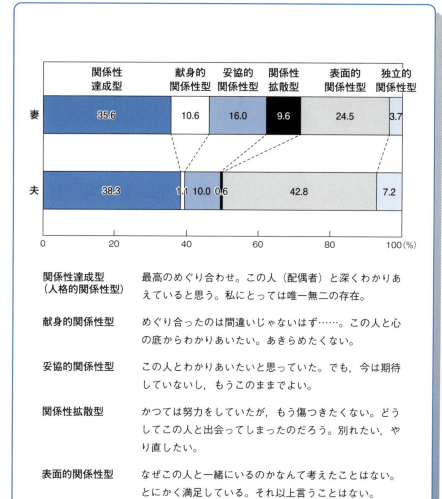

関係性達成型 （人格的関係性型）	最高のめぐり合わせ。この人（配偶者）と深くわかりあえていると思う。私にとっては唯一無二の存在。
献身的関係性型	めぐり合ったのは間違いじゃないはず……。この人と心の底からわかりあいたい。あきらめたくない。
妥協的関係性型	この人とわかりあいたいと思っていた。でも，今は期待していないし，もうこのままでよい。
関係性拡散型	かつては努力をしていたが，もう傷つきたくない。どうしてこの人と出会ってしまったのだろう。別れたい，やり直したい。
表面的関係性型	なぜこの人と一緒にいるのかなんて考えたことはない。とにかく満足している。それ以上言うことはない。
独立的関係性型	なぜこの人と一緒にいるのかなんて考えるのは無意味。生きていく上で必要な人。愛している，いないなんて，私には関係ないこと。

図 5-5　**夫と妻の関係性ステイタスの分布**（宇都宮，2004）

側のコミュニケーションの問題をあげることができます。そうした夫のコミュニケーションの背後には，夫婦関係について真剣に考えようとしない夫の心理的態度があります。夫婦関係が希薄化している実態があっても，それを解決すべき問題として受け止めないのです。宇都宮（2004）は，夫と妻がどのような関係性を保っているかについて，夫と妻それぞれの意識をとらえる調査を行っています。その結果，表面的関係性に満足している夫が非常に多いことがわかります（図 5-5）。表面的関係しかなくても，それが解決すべき問題と思わないため，何ら対策をとろうとしないのです。そうしているうちに妻の結婚満足度はますます低下し，うわべだけの夫婦関係になってしまいます。

黒澤・加藤（2013）は，結婚満足度に関係する積極的関係維持コーピングと年齢との間に負の相関がみられることを報告しています。結婚年数が長くなると積極的関係維持コーピングがあまり行われなくなるというわけですが，このことがとくに妻の側の結婚満足度の低下につながっていると考えられます。

5.5 夫婦関係における老年期の危機

5.5.1 老年期の心理的特徴

職業生活を送ってきた人の場合，定年退職により社会的役割を中心とした生き方に終止符を打ち，子ども時代のように社会的役割による縛りがまったくない自由な立場へと解放される老年期の始まりも，生き方の大きな転換を迫られる時期として，重要な移行期といえます。専業主婦として過ごしてきた人の場合も，子どもが就職や結婚を機に家を出ていくことで子どもの世話という役割を終える時期には，生き方の大きな転換が求められます。そこでの課題は，社会的役割から一歩距離を置いて，自分なりに納得のいく生活を再編していくことです（コラム 5-2）。レビンソンも，60 代前半に老年への過渡期を設定し，この時期の課題は，中年期の奮闘に終わりを告げ，来るべき老年期を迎える準備をすることであるとしています（図 5-4 参照）。このところの長寿化，それに伴う定年退職年齢の上昇，定年後の再雇用の増加といったことを考慮すると，この移行期はレビンソンの言う 60 代前半でなく 60 代後半とすべきかもしれま

コラム5-2　社会的役割から解放されることに伴う自由と迷い

　そこで（注：中年期の危機に際して）転職したり脱サラしたりと思い切って生活を変える人も出てくるが，同じ仕事を続けるにしてもプライベートとのバランスなど何らかの変化が生じる場合もある。だが，家族を養うため，老後の資金を蓄えるため，あるいは住宅ローンの返済に追われるなど，経済的条件を無視するわけにはいかず，アイデンティティをめぐる問いを再び抑圧し，自分を振り返りつつあれこれ考えるのをやめて，ひたすら仕事生活に邁進する人も少なくない。

　だからこそ，勤勉に働き必死に稼いできた職業生活を終える老年期の入り口に差し掛かったとき，抑圧が緩み，アイデンティティをめぐる問いが活性化するのである。職業生活の縛りから自由になるのだから，今度こそほんとうに「自分らしい生活」をつくっていくチャンスと言える。

　定年が近づきつつあるとき，あるいは定年後の再雇用の期限切れが目前に迫ったとき，「これから何をして過ごせばよいのだろうか？」「どうしたら心地よい毎日にできるのだろうか？」「多少の収入を得ながら，自分らしく暮らすには，いったいどうしたらよいのだろう？」などといった思いが頭の中を駆けめぐる。その答えは，簡単には見つからないのがふつうだ。

　職業的役割から解放され，自由になるにあたって，どうしたら自分にふさわしい生活になるのか，どんな生き方が自分らしいのかがなかなかわからず悩む。

　人生の大きな転換点に差し掛かったとき，私たちは自分自身を振り返り，自分が納得できる生き方を模索するが，最も身近なはずの自分が，どうもよく見えない。自分を振り返る余裕もなく職業生活を突っ走ってきた人ほど，そうした傾向がみられる。つかみどころのない自分を前に，心は路頭に迷う。

（榎本博明『60歳からめきめき元気になる人』朝日新書）

せん。

この時期には，身体の衰えをはじめとするさまざまな能力の衰えを痛感したり，それによる行動の制約を受けたり，病気がちとなるなど，生物学的な老化を経験する機会が増えます。寿命や健康寿命も意識せざるを得ず，時間的展望が大きく縮小していきます。また，定年退職や再雇用の終了などにより職業生活から引退したり，自営業で引退はない場合でもこれまで担ってきた責任ある役割を後継者に譲るなど，社会的責任や社会的地位の喪失もしくは低下，それに伴う経済力の低下を経験することになります。

このような状況に置かれて，自信を喪失し絶望感に浸るか，自由度の高さを肯定的にとらえてゆったりと暮らしていけるかは，それまでの自分の人生を受容できるかどうか，そして心の支えとなる人間関係を築いてきたかどうかにかかっています。それによって，自信がなく，自分に価値を感じられず，焦燥感が強く，孤立感が強いといった方向に向かうか，ゆったりとした落ち着きがあり，自己受容しており，円熟味があり自他に寛容といった方向に向かうかが決まってくると考えられます。

5.5.2　老年期夫婦の心理的危機

老年期は，夫の定年退職後の時期に重なります。それは職業生活から離脱する夫に心理的危機をもたらすのみならず，妻にも心理的危機をもたらします。

仕事が生きがいだった夫の場合は，たとえ「亭主元気で留守がいい」などといった扱いを受けていても，仕事に没頭しているときは，自分がそうした扱いを受けていることに気づかないことが多いものです。ところが，定年退職して，昼間も家にいるようになり，ようやく自分が疎外された存在であることに気づいて愕然とするのです。しかも，一所懸命に働いて家族を養ってきたつもりなのに，粗大ゴミとか産業廃棄物とか濡れ落ち葉などといわれる立場に自分が置かれているわけですから，やるせない気持ちになるのも当然と思われます。定年退職よりも前に，そうした徴候に気づく人もいます。たとえば，働き盛りの時期を過ぎ，残業やつきあいも少なくなり，早く家に帰るようになったとき，よそよそしい空気があり，妻からも，まだ同居している子どもからも，歓迎さ

コラム5-3　主人在宅ストレス症候群

　配偶者といるときの居心地の悪さに苦しんでいるのは，じつは夫だけではないのだ。原因不明のめまいや胃痛，手足のしびれ，動悸，不眠，耳鳴り。病院でいくら検査をしても異常はみつからない。問診をしていくと，そうした症状の原因が夫にあることがわかってくる。そんなケースが増えているという。

　思い当たる原因を振り返ってもらうと，「そういえば，主人が定年退職して家にいるようになってから眠れなくなりました」「主人が何か言うたびに心臓がキュッと痛みます」といった話が出てくる。そのため，夫が家に居続けることによるストレスで妻が病気になるのかもしれないと思い至った医学博士黒川順夫は，この病気を主人在宅ストレス症候群と名づけた。

　最近では，早期退職や失業などで40代から50代でも家にいる男性が増えたため，夫の定年退職後に限らず，このような症状に苦しむ妻が増えているという。

（榎本博明『60歳からめきめき元気になる人』朝日新書）

れていないのを感じ，一緒に食事しても会話が途切れがちで気まずい感じになるとします。それは，早めに覚悟を決めて対処することができるチャンスでもあるのですが，嫌な現実を直視できずに逃避してしまう人も少なくないようです。

　配偶者といるときの居心地の悪さに苦しんでいるのは，じつは夫だけではありません。主人在宅ストレス症候群と呼ばれる症状は，夫が家にいるようになることによって妻が心身の不調に陥るものです（コラム 5-3）。すでに個人化を進めてきた妻にとって，身近にいなかったはずの夫が常時身近にいるようになるというのは，非常に大きなストレスになる状況の変化といえそうです。

　このように中高年の夫婦は深刻なコミュニケーションの問題を抱えていることが少なくありません。目の前のやらないといけないことに追われているうちに，深刻なコミュニケーション・ギャップが生じ，お互いに相手の気持ちがわからなくなっているのです。話すたびにすれ違いを感じ，話すのがつい面倒になり，ますますお互いが得体のしれない存在になってしまうのです。

　このような時期には，仕事中心に生きてきた夫と親子関係中心に生きてきた妻の双方が，夫婦関係中心へと生き方の転換をはかる必要があります。夫の家庭関与が妻の結婚満足度を高めたり（伊藤たち，2006），夫婦のコミュニケーション（伊藤たち，2007）や夫婦の共同活動（菅原・詫摩，1997）の増大が夫婦双方の結婚満足度を高めることが報告されていますが，夫婦間のコミュニケーション不足が積み重なることでお互いの気持ちのすれ違いが大きくなってしまっている定年後になって，夫がいきなり家庭のことにかかわろうとしても，さまざまな軋轢を生んでしまいがちです。そこでは，いかに夫婦間のコミュニケーションを正常化していくかが重要な課題といえます。

親の心理

6.1 子育てストレス

6.1.1 幼児期の子どもをもつ母親の心理状況

　子育てには喜びや楽しさが伴うものの，さまざまな負担があるのも事実です。そこで，子育てをしている人にはどのような心理的負担がのしかかっているのかをみていきたいと思います。榎本（2006）は，幼稚園に通う園児の母親を母集団とする大規模な調査を実施しました。その結果，子育てストレスをもつ母親が過半数に達することを見出しています。母親の心理状態としては，「いつもイライラしている」が35％，「よく自分を責める」が26％，「気持ちが落ち込んでいる」が20％となっています。なぜイライラしたり自分を責めたり落ち込んだりするのかといえば，子どもが思い通りにならず，どうしたらよいのか途方に暮れたり，子育てに自信がもてなくなるからと考えられます。その証拠に，「思うとおりに子どもが動かずイライラする」が55％，「子どもの行動を冷静に受け止められない」が63％となっており，過半数の母親が子どもの行動をめぐってイライラしていることがわかります。そして，「子どもについての心配事がたくさんある」が40％となっているように，子育てについて悩んでしまう母親が半数以下とはいっても4割もいます。このようなデータからも，子育てには大きなストレスが伴うことがわかります（表6-1）。

　そうしたストレスの結果として，「自分は子育てに向いていないのではないかという不安に襲われることがある」が23％，「子どもをどのようにしつけたらいいか分からない」が18％，「子育てに自信が持てない」が17％というように，どう子育てしたらよいのかに迷い，子育てに自信をなくす母親が2割ほどもいるようです。さらには，「育児ノイローゼになる人の気持ちがよく分かる」という母親が55％と半数を超えているのは特筆すべきでしょう。それほどまでに子育てストレスは深刻化しているといえそうです（表6-1）。

　では，なぜ最近になって子育てストレスが深刻化しているのでしょうか。そこには次の項で取り上げる価値観や閉塞感も関係していると思われますが，まずは子育てをする母親を取り巻く人間関係的要因と母親自身の人間関係力の要因についてみていきましょう。

表6-1　幼児期の子どもをもつ母親の心理状況 （榎本，2006 より作成）

母親の心理状態

「思うとおりに子どもが動かずイライラする」	55%
「育児ノイローゼになる人の気持ちがよく分かる」	55%
「いつもイライラしている」	35%
「よく自分を責める」	26%
「気持ちが落ち込んでいる」	20%

子育てで困っていること

「子育てに自信が持てない」	17%
「子どもをどのようにしつけたらいいか分からない」	18%
「子どもについての心配事がたくさんある」	40%
「子どもの行動を冷静に受け止められない」	63%
「自分は子育てに向いていないのではないかという不安に襲われることがある」	23%

近所付き合い

「近所同士の交流が多い」			49%
「近所に親しく話せる人がいる」	84%	「いない」	10%
「育児について相談できる人がいる」	72%	「いない」	17%
「子育てを協力し合える近所付き合いがない」			21%
「地域の子ども会活動などに参加していない」			50%
「近所に世間話をする顔見知りがいない」			13%

母親自身の人間関係力

「なかなか友達ができない」	15%
「子どもが幼稚園にいるときは一人で過ごすことが多い」	24%
「親同士の交流をあまりしていない」	20%
「人の輪に入っていくのが苦手だ」	32%
「お互いにサポートできる友人がいない」	17%
「引っ込み思案である」	27%
「人間関係は煩わしい」	26%
「親同士の人間関係に悩むことがある」	26%
「親同士のグループでの関わり方が難しい」	30%

86   第6章 親の心理

　母親の心理状態に影響する要因として，母親を取り巻く人間関係的環境があると考えられます。近所づきあいに関しては，「近所に親しく話せる人がいる」が84%，「育児について相談できる人がいる」が72%と，近所に育児について相談したり親しく話したりする相手がいるという母親が多数派を占めます。ただし，「育児について相談できる人がいない」が17%，「子育てを協力し合える近所付き合いがない」が21%というように，孤立した状況で子育てをしている母親が2割程度いました。さらには，「近所に世間話をする顔見知りがいない」が13%，「近所に親しく話せる人がいない」が10%というように，ほとんど話す相手がいないほどに孤立している母親が1割ほどいます。2割とか1割というと，非常に低い比率だと思うかもしれませんが，全国の幼児を育てている母親の数からしたらものすごい人数になるはずです。

　そこで問われるのが，母親自身の人間関係力ですが，「なかなか友達ができない」が15%，「親同士の交流をあまりしていない」が20%，「お互いにサポートできる友人がいない」が17%となっています。そこには性格的なものが関係していると思われますが，「引っ込み思案である」が27%，「人間関係は煩わしい」が26%，「親同士の人間関係に悩むことがある」が26%，「親同士のグループでの関わり方が難しい」が30%，「人の輪に入っていくのが苦手だ」が32%となっており，2割から3割程度の母親が人づきあいを苦手としていることがわかります（表6-1）。こうした現状を踏まえると，子育てをする親同士をつなげていくようなサポート体制を築いていくことが必要といえるでしょう。

6.1.2　子育てストレスの3因子とそれに影響する諸要因

　榎本（2006）はさらに，重回帰分析により，子育てストレスを構成する子育て不安，子育てノイローゼ，子育て閉塞感の3因子に影響する諸要因を検討しました（図6-1）。

　その結果，子育て不安に対しては，子育ての価値を否定する価値観が最も大きな影響をもち，子どもの性格が消極的・非協調的・衝動的であることや母親自身が近所づきあいに消極的であること，子育てをめぐり親との葛藤があるこ

6.1 子育てストレス

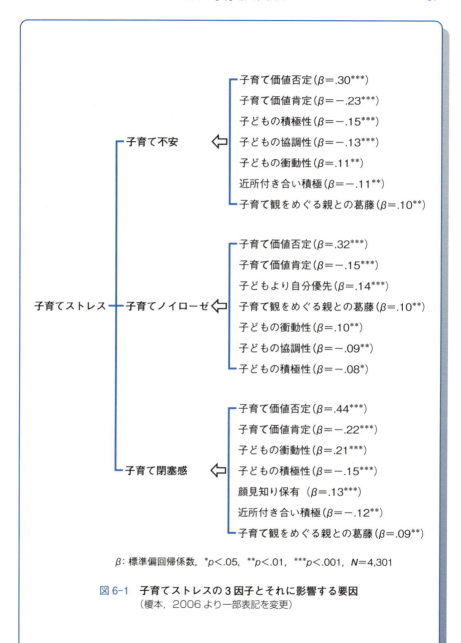

図 6-1 子育てストレスの3因子とそれに影響する要因
(榎本, 2006 より一部表記を変更)

とが影響していました。そして，子育ての価値を肯定する価値観が子育て不安を大きく和らげる効果があることが示されました。

子育てノイローゼに対しては，子育ての価値を否定する価値観が最も大きな影響をもち，子どもより自分を優先する価値観をもつこと，子育て観をめぐり親との葛藤があること，子どもの性格が衝動的・非協調的・消極的であることなども影響していました。ここでも，子育ての価値を肯定する価値観が子育てノイローゼを大きく和らげる効果があることが示されました。

子育て閉塞感に対しては，子育ての価値を否定する価値観がとくに大きな影響をもち，子どもの性格が衝動的・消極的であることや母親自身が近所づきあいに消極的で顔見知りが少ないこと，子育て観をめぐり親との葛藤があることなどが影響していました。ここでもまた，子育ての価値を肯定する価値観が子育て閉塞感を大きく和らげる効果があることも示されました。

子育てストレスのいずれの因子に関しても，子育ての価値を肯定する価値観がそのストレスを和らげる効果をもつことが示されており，子育てにあまり価値を置かなくなっている現在の風潮が子育てストレスを助長しているとも考えられます。

子育てに従事している親が心理的に追い込まれ，子どもに対して否定的な態度を示しがちとなる背景として，子育ての私事化および個に閉ざされた自己感覚を指摘することができます。子育ての私事化が，子どもに対する社会化機能の低下や子育てをしている親の情緒的不安定をもたらすという形で，家族の養育機能の低下をもたらしていると考えられます。

柏木・永久（1999）は，子どもは「授かる」ものから「つくる」ものとなったことで母親が子を産む理由も変化しているはずといった前提で，すでに子どもを産み終えた 40 歳前後と 60 歳前後の 2 世代を対象に，子どもを産んだ理由を尋ねています（表 6-2）。その結果，「経済的ゆとりができたので」「友達が子どもを産んだので」「自分の生活に区切りがついた」「夫婦関係が安定した」「2 人だけの生活は十分楽しんだ」「自分の仕事が軌道に乗った」などの条件依存因子の得点は 40 歳世代のほうが高く，「子を産み育ててこそ一人前の女性」「結婚したら子どもを持つのが普通だから」「次の世代を作るのは，人としての

表 6-2　子どもを産む理由の世代間の違い（柏木・永久，1999 より作成）

40 歳世代のほうが 60 歳世代より顕著にみられる条件依存因子
　　「経済的ゆとりができたので」
　　「友達が子どもを産んだので」
　　「自分の生活に区切りがついた」
　　「夫婦関係が安定した」
　　「2 人だけの生活は十分楽しんだ」
　　「自分の仕事が軌道に乗った」　など

60 歳世代のほうが 40 歳世代より顕著にみられる社会的価値因子
　　「子を産み育ててこそ一人前の女性」
　　「結婚したら子どもを持つのが普通だから」
　　「次の世代を作るのは，人としてのつとめ」
　　「姓やお墓を継ぐ者が必要」　など

つとめ」「姓やお墓を継ぐ者が必要」などの社会的価値因子の得点は60歳世代のほうが高くなっていました。こうした結果を踏まえて、柏木（2001）は、年長世代から若い世代への変化は、子どもを産むのは「自然・当然・社会のため」から「条件次第・自分のため」へと要約できるとしています。このような柏木・永久（1999）の調査結果は、まさに子育ての私事化を示すデータといってよいでしょう。

　一方で、自己実現思想の偏った受け止め方によって、個に閉ざされた自己感覚が蔓延し、それがエリクソンのいう世代性の概念にみられるような次世代への献身の価値の低下を生じさせ、自己中心的な欲望の追求に親世代を駆り立てているとみることもできます（図6-2）。したがって、子育ての意義や価値を社会的に明確に位置づけ直す必要があるとともに、個人の中に閉じこもらずに他者や社会に開かれたアイデンティティの感覚（榎本，1995，1997）を培っていく必要があります。このようなことは、脆弱化しつつある家族機能を回復・向上させるといった方向の動きにもつながっていくといえます。

6.2　育児不安による問題とその支援

6.2.1　育児不安と子どもの情緒的・行動的問題

　育児不安は、牧野（1993）により、「育児を担当している人が、子どもの状態や育児のやり方などについて感じる、漠然とした恐れを含む不安の感情で、疲労感や焦り、イライラなどの精神状態を伴うもの」と定義されています。ただし、柏木・加藤（2016）も言うように、育児不安というと育児についての不安と受け止められがちですが、自分の生活や将来への不安や不満も含まれます。これは、高石（2007）が指摘する、同じ一人の母親が、自己犠牲的な母親であることを良しとしながらも、自分の「個としての」人生を求めるというように、子育てに対する両価的な意識をもっているということに関連した不安ともいえます。つまり、育児不安は、子育てそのものに伴う不安と自分自身の生き方・将来展望に関連した不安を共に含むものととらえるべきでしょう（図6-3）。

　そのような母親の育児不安が子どもに悪影響を与えるということは、容易に

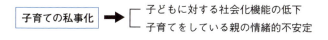

図 6-2　子育てストレスの背後にある「子育ての私事化」と「個に閉ざされた自己感覚」

想像できます。実際，子どもの情緒的問題や行動的問題などさまざまな問題を引き起こすことは，多くの研究によって明らかにされています（コール，1999；カニクたち，2005；シュテイ，2001）。

　そうした知見を踏まえて，石・桂田（2008）は，育児不安と子どものさまざまな問題行動との関係を検討しています。そして，母親の育児不安が高いと子どもの内向的問題（ひきこもり，身体的訴え，不安・抑うつ）も外向的問題（非行的行動，攻撃的行動）のどちらも起こりやすいという結果を得ています。

6.2.2　育児ネットワークの不安低減効果

　孤立しながらの子育ては育児不安につながりやすいため（牧野，1982，1987，1988），育児不安を緩和するには，何か気がかりなことがあったり不安になったりしたときに気軽に相談したり情報を求めたりできるような体制づくりが必要です。本田・本田（2024）は，小中学生や大学生の抑うつ症状と援助要請意図の間に負の相関があり（永井，2012；永井・松田，2014；永井・鈴木，2018），大学生の抑うつ症状と援助要請のコスト認知との間に正の相関がある（永井・鈴木，2018）ことから，母親の抑うつ症状と子育てに関する援助要請抵抗感の間にも正の相関があるだろうとの仮説のもとに調査を行い，仮説通りの結果を得ています。つまり，抑うつ症状の強い母親ほど夫や実母，友人，保育者に対して援助要請をすることに抵抗感があることが示されました。

　育児ネットワークの支援は，子どもの世話などの手段的支援，悩みや愚痴の聞き役となる情緒的支援，子育てに必要な情報の提供などの情報的支援，金銭的な援助などの経済的支援というように，いくつかの支援方法に分類して，その効果が検討されてきました（二見・荒牧，2020）。たとえば，手段的支援や経済的支援は親族から得ることが多く，情緒的支援や情報的支援は非親族から得られやすいことが知られています。子どもを預かったり，金銭的な援助をしたりするのは実家の親などの親族が担うことが多いのに対して，日頃の育児に伴う思いを語り合ったり，育児情報を教え合ったりするのは同じく育児をしている仲間が中心になるということでしょう。

　金（2007）は，聞きとり調査をもとに，育児ネットワークには支援機能の他

育児不安の定義（牧野, 1993）
　育児を担当している人が, 子どもの状態や育児のやり方などについて感じる, 漠然とした恐れを含む不安の感情で, 疲労感や焦り, イライラなどの精神状態を伴うもの

柏木・加藤（2016）
　育児不安というと育児についての不安と受け止められがちだが, 自分の生活や将来への不安や不満も含む

育児不安は, 子育てそのものに伴う不安と自分自身の生き方・将来展望に関連した不安を共に含むものととらえるべき

図 6-3　育児不安とは

に規範機能と比較機能があり，それらは母親の心理状態に負の影響を与えることを指摘しています。規範機能というのは，ネットワーク構成員の規範的期待に沿うように同調圧力がかかることを指します。比較機能というのは，ネットワーク構成員の考えや育児行動との比較を通じて，自身の育児のあり方を確認・評価することを指します。松田（2001，2008）は，支援ネットワークの規模が大きいほど不安は軽減されることを明らかにしていますが，金のいう規範機能や比較機能を念頭に置いた場合は，必ずしもネットワーク規模が大きいほど育児不安が軽減されるとはいえないでしょう。

　そこで，二見・荒牧（2020）は，育児ネットワークを支援機能（相談・情報）を担う支援ネットワークと参照機能（規範・比較）を担う参照ネットワークに分けて，それらが育児不安にもたらす作用についての検討を行っています（表6-3）。その結果をみると，支援ネットワークの規模は，全体の6〜7割強が少なくとも4人以上であり，とくに情報ネットワークの場合は10人以上という者も3割を超えています。ここから，子育ての情報や悩みについてさまざまな人たちから支援を受けている母親が多いことがわかります。一方，参照ネットワークの規模は，3人以下が6〜7割に達しており，まったくいないという者も少なくありません。ここから支援ネットワークに比べて参照ネットワークの規模は明らかに小さいことがわかります。さらに，各ネットワークの構成員をみると，ネットワークの種類によって構成比率に特徴があります。すなわち，支援ネットワークにおいては，相談面では自分の親を，情報面では友人や隣人を，より選択しやすい傾向にあります（表6-4）。参照ネットワークの場合，最も手本にされやすいのは自分の親ですが，比較の相手としては育児仲間のほうが選ばれやすくなっています。

　各ネットワークと育児不安の関係については，支援ネットワークの規模が大きいほど，また友人や隣人に相談できるほど育児不安を感じにくいことがわかりました。一方で，参照ネットワークの規模が大きいほど，また自分の子育てを育児仲間と比較したりするほど育児不安をもちやすいことがわかりました。二見・荒牧（2020）は，この参照ネットワークの負の効果に関して，ネットワークに占める育児仲間の割合が高い者ほど不安が大きいことから，育児仲間

表 6-3 **各ネットワークの規模**（二見・荒牧, 2020）

(%)

		いない	1〜3人	4〜9人	10人以上	計
支援ネットワーク	相談	4.9	35.3	47.3	12.5	100.0
	情報	8.2	17.4	43.5	31.0	100.1
参照ネットワーク	規範	13.0	50.5	25.5	10.9	99.9
	比較	35.3	36.4	19.6	8.7	100.0

注) N = 184。

表 6-4 **各ネットワークの構成**（二見・荒牧, 2020）

(%)

		自分の親	夫の親	他の親族	育児仲間	友人	近隣
支援ネットワーク	相談	79.3	38.6	33.2	81.0	50.5	13.6
	情報	61.4	33.7	34.2	84.8	60.9	20.7
参照ネットワーク	規範	64.7	35.9	23.9	55.4	40.8	10.3
	比較	32.1	18.5	16.8	47.8	24.5	6.5

注) それぞれを含むと回答した割合（複数回答）。N = 184。

との交際が活発化すると，彼女らとの比較によって完璧な育児を行う完璧な母親にならなければと思い詰めてしまい，不安も強まるのではないかと分析しています。

父親の育児行動と家族の適応

6.3.1 父親の育児参加と母親のストレス軽減

　育児ネットワークの効用と関連して重要となるのが父親の育児参加です。子育てにおける父親の役割の重要性が認識されるようになるのに大きな貢献をしたのは，子どもの発達に対する父親の貢献が長らく忘れられていたことを指摘するラム（1975）の論文であり，さらに翌年に刊行された『父親の役割――乳幼児発達とのかかわり』（1976）という著書でした。その後，父親の家族に対する影響力を実証する研究が次々に出てきました（チブコスとケイル，1981；クロッケンバーグ，1981；コーエンたち，1984；イースターブルックスとゴールドバーグ，1984；ラムとセイジ，1983；パーク，1978；ペダーセン，1980）。

　そうした動きに触発されて，日本でも子育てにおける父親の役割や影響力に関する調査研究が次々に行われるようになり，父親が子育てに参加するほど母親の子育て不安が少ないことがわかってきました。父親が子育てにまったく関与せず，すべて一人で抱え込まなければならない母親のほうがストレスが高く，子育て不安が強いのは，考えてみれば当たり前のことです。母親の育児不安に関する調査研究では，育児不安が高い母親の子は，わがままだったり，気分にムラがあったり，よく泣くなど情緒的に不安定な傾向があるけれども，父親が育児にかかわることで母親の育児不安が軽減することが示されるなど，多くの調査研究において，母親の育児不安が強いと子どもに情緒的・行動的問題が生じやすいこと，そして父親からのサポートが母親の育児不安を軽減させることが確認されています（東，2008；石・桂田，2013；柏木，1993；柏木・若松，1994；小林，2009；牧野，1982；牧野・中野・柏木，1996；尾形，2011）。また，父親が子どもとの交流をもつことで母親の自己閉塞感が軽減することや，父親の育児参加が少ないと母親のストレスが高まり，子どもに対する加虐的態

父親が子育てに参加するほど母親の育児不安が少ない

| 母親の育児不安が高い場合 | わがままだったり，気分にムラがあったり，よく泣くなど，子どもは情緒的に不安定な傾向 |

| 父親が育児にかかわる場合 | 母親の自己閉塞感も軽減し，育児不安が和らぐ |

父親の育児参加は，母親のストレス軽減を通して，子どもに対して好影響を与える

図 6-4　父親の育児参加が与える母親のストレス軽減効果

度が出現しやすいことも報告されています（尾形・宮下，1999；尾形・宮下，2003）。

このように，父親の育児参加は，母親のストレス軽減を通して，子どもに対して好影響を与えることが明らかになっています。さらには，夫婦間のコミュニケーションがあるほど母親のストレスが低いなど，父親が母親を精神的に支えるということの大切さも指摘されています（尾形・宮下，1999）。父親の直接的な育児参加だけでなく，子育てという意義深い重労働に対する父親の理解も母親のストレスや子育て不安の軽減に大いに役立っているのです（図6-4）。

6.3.2　父親の子育て参加が子どもの発達に影響する

父親の子育て参加が子どもの発達にさまざまな影響を与えていることも，多くの研究によって明らかにされています（図6-5）。たとえば，父親が子育てにかかわる家の子のほうが社会的成熟度が高いこと，共感性が高いこと，自発性が高いこと，探求心が強いこと，社会性の発達が良いこと，友だちと良好な関係を築けること，情緒的に安定しており，問題行動を起こすことが少なく非行に走ることも少ないこと，自制心があり向社会的行動がとれること，成人後の学力が高く経済的な業績が高いこと，などが報告されています。逆に，父親とのかかわりが少なかった子どもは高校を退学する率が高いこと，犯罪を犯す率が高いこと，情緒的な問題を生じる率が高いことなども報告されています（オルダスとマリガン，2002；フランダースたち，2009；平山，2001；石井クンツ，1998；マクブライブたち，2009；牧野たち，1996；中野，1992；尾形，1995；尾形，2011；尾形・宮下，1999，2000；リーブとコンガー，2009；田中たち，1996）。

また，父親との愛着関係がきちんと築けている子どものほうが自他に対する信頼があり自己肯定感も他者肯定感も高いこと，社会性が身についており子どもたちの間で人気者になりやすいこと，成人後に自尊心が高く人生に対する満足度が高いこと，などが報告されています（細田・田嶌，2009；ラム，2002）。フロウリとブキャナン（2003，2004）は，幼児期に父親とのかかわりをしっかりもつことがその後の学業上の問題や情緒的な問題に対して予防的効果をもつ

6.3 父親の育児行動と家族の適応

父親が子育てにかかわる家庭の子どもにみられる特徴

　　　社会的成熟度が高い
　　　共感性が高い
　　　自発性が高い
　　　探求心が強い
　　　社会性の発達が良好
　　　友だちと良好な関係を築ける
　　　情緒的に安定している
　　　問題行動を起こすことが少ない
　　　自制心がある
　　　向社会的行動がとれる
　　　成人後の学力が高い
　　　成人後の経済的な業績が高い

父親の子育て参加は，母親のストレス軽減を通して子どもに影響するだけでなく，子どもに対して直接的な影響を与える

図 6-5　父親の子育て参加の子どもへの好影響

ことを報告しています。

このように，父親の子育て参加は，母親のストレス軽減を通して子どもに影響するだけでなく，子どもに対して直接的な影響を与えるとの認識も広まっています。もちろん，以上のような報告のもとになっているデータの中には，母親のストレス軽減が媒介要因となっているものも含まれていると思われます。父親自身の評価ではなく，母親が評価した父親の子育てへの関与度が，中学生の神経症傾向と関係しているとの報告（平山，2001）も，そのことを示唆するものといえます。いずれにしても，父親の子育て参加が子どもの発達にさまざまな点で好影響を及ぼしているのは確かでしょう。

6.3.3 父親の育児行動の実態と意味

榎本（2006）は，家庭の教育力に関する調査において，母親の子育て不安だけでなく父親の子育ての実態についても尋ねています。それによれば，「配偶者は親としての自覚がある」という母親は81％で，「自覚がない」という母親は8％しかいませんでした。「配偶者は子どもの面倒をよくみる」という母親も72％と大多数を占め，「面倒をあまりみない」という母親は13％にすぎません。また，「配偶者は子育てや私の苦労を理解している」という母親は64％とほぼ3分の2に達し，「苦労を理解していない」という母親は16％しかいませんでした。「配偶者は子育てや家事に協力的である」という母親も55％と過半数を占め，「協力的でない」という母親は25％と少数派になっていました（表6-5）。こうした数字をみると，父親の多くは親としての自覚があり，子どもの面倒をよくみており，母親の子育ての苦労を理解しているようです。

第一生命による「父親の子育てに関する調査」（第一生命，2014）の結果をみると，具体的な父親の子育て関与は，入浴介助が最も多く，その他遊び相手などが中心となっています。配偶者の子育てに対する満足度をみると，父親からみた母親の子育て状況への満足度については，「かなり満足している」と「ある程度満足している」の合計が81.7％となっており，ほとんどの父親が配偶者の子育てに満足していることがわかります。一方，母親からみた父親の子育て状況への満足度については，「かなり満足している」と「ある程度満足し

表 6-5 配偶者の子育て状況に対する母親の認識

榎本（2006）

　母親の認識

配偶者は親としての	自覚がある	81%
	自覚がない	8%
配偶者は子どもの	面倒をよくみる	72%
	面倒をあまりみない	13%
配偶者は子育てや私の苦労を	理解している	64%
	理解していない	16%
配偶者は子育てや家事に	協力的である	55%
	協力的でない	25%

第一生命（2014）

　父親からみた母親の子育て状況への満足度

	満足	81.7%

　母親からみた父親の子育て状況への満足度

	満足	62.9%

（「かなり満足している」と「ある程度満足している」の合計）

ている」の合計が 62.9％となっており，3 分の 2 近い母親が配偶者の子育てに満足していることがわかります（表 6-5）。

　このように，いずれの調査においても，過半数の母親が配偶者の子育て状況にほぼ満足しているのがわかります。

　親子遊びの観察研究によれば，母親は子どもに対する世話行動が多く，父親は社会的な働きかけが多いことや，母親は言葉がけが多いのに対して，父親は子どもに身体を使って遊んだりしてかかわることが多いことが指摘されています。父親がどのような形で子育てにかかわっているかを尋ねた各種調査結果をみても，圧倒的に多いのが，「入浴させる」と「遊び相手をする」です。そうしたデータを根拠に，父親の子育て参加が増えているといっても，遊び相手をするくらいで，日常の世話にはまだまだいろいろあるのだといった批判があります。しかし，将来のために必要不可欠な社会性などの非認知能力の発達のためには，遊びというのはとても重要な役割を担っていることを見逃してはなりません。

　山極（1998）は，類人猿の父親の役割として遊び相手になることをあげています。山極は，ゴリラの社会は父という存在をもつがゆえに，人類の家族につながる特徴を多く保持していると思われるとし，子育てにおける父親の役割について解説しています（コラム 6-1）。このようなゴリラの父親の子どもとの接し方は，人間社会の父子のかかわりに非常に似ているように思われます。こうしてみると，父子間の遊びのようなやりとりには，子どもの学びとしても，大きな教育効果があるといえるでしょう。山極が「子供を母親の影響から引き離し，他の子供と対等なつき合いを学ばせるために，その子供から少し距離を置ける保護者として，父親は格好の存在だったと思われる」としていることに関連して，シュルマンとセフィーゲ＝クリンケ（1997）は，父親は母親と比べて青年期の子どもと距離を保っているため，日常的な自己開示を受けたり相談されたりすることは少ないが，勉強や将来のことに関しては母親と同程度に話し相手になっており，このような距離のとり方が子どもの自立を促すとしています。

　父親の遊びの効果については，多くの心理学的研究によっても，子どもの発

コラム 6-1　子育てにおける父親の役割

　ゴリラのオスは特別子育てに熱心というわけではない。新生児には無関心だし，生後一年間は母親も子供をオスに近づけない。子供がオスを頼るようになった後も，オスは積極的に子供に近づこうとはしない。ただ，子供に対してすこぶる寛容で，子供が接触してきても拒まない。子供たちが近くで食物をとることを許し，自分の体の上で遊ばせ，けんかの仲裁をしたり，外敵を追い払ったりする。教育者というよりは物わかりの良い保護者であり，子供の遊び相手といった役割を果たしている。（中略）

　このオスの消極性は，人類の父親にも通じるところがある。多くの社会で男性は幼児と積極的な関りをもたないし，一日の多くの時間をさいてつき合うこともない（Lamb, 1984）。男性が生業活動に従事する時間が少ない狩猟採集民の社会でも，父親が子供と接する時間はわずかで，そのつき合いは育児というよりむしろ遊びに近い（市川, 1982）。（中略）ゴリラと人類の社会はオスに積極的な子育てではなく，長期にわたる持続的な関係を子供と結ぶように要請したのである。（中略）子供を母親の影響から引き離し，他の子供と対等なつき合いを学ばせるために，その子供から少し距離を置ける保護者として，父親は格好の存在だったと思われるからである。
（山極寿一「家族の自然誌──初期人類の父親像」黒柳晴夫他（編）
『父親と家族──父性を問う』早稲田大学出版部，所収）

達にとって好影響があることが実証されています。中野（1996）は，父親とよく遊んでいる子は発達の度合いが高いという傾向があること，さらには子どもの言いなりにならず，してはいけないことをきちんとしつける父親のもとにおいて子どもの発達は良好であることを報告しています。日頃から一緒によく遊び，気持ちが通じているからこそ，しつけが効果的に作用するとみることができます。その他にも，父親とよく遊ぶ子どもは，情緒的に安定し，社会性も自発性も高いことなどが示され，父親と日常的に遊ぶことは情緒的発達や社会的発達に好影響を与えることが示されています（加藤たち，2002；木田，1981；ラム，2002；パーク，1996）。

　なぜ父親との遊びが子どもの発達に好影響をもたらすのかについて，パケット（2004）は，父親ならではの激しい動きのある遊びが，母親との二者関係から新たな人間関係に広がる際に役立つからだと指摘します。父親との身体を使った活発な遊びを通して，身体や運動神経が鍛えられ，後に友だちと遊んだりスポーツをしたりする際の基礎ができるということがあるのでしょう。また，子どもに合わせて遊んでくれる父親に挑戦しつつ楽しむことで，物事に積極的に挑戦する心が培われるということもあるでしょう。

6.3.4　父親の子育てストレス

　父親が子育てにかかわるようになれば，当然ながら父親も子育てストレスと無縁ではなくなります。これまで男性のストレスといえば仕事・職場のストレスを意味しましたが，そこに子育てストレスが加わってくるわけです（図6-6）。第一生命が実施した「父親の子育てに関する調査」（第一生命，2014）では，父親と母親の子育てストレスを比較しています。その結果をみると，子育てストレスを「かなり感じている」と「ある程度感じている」を合わせた比率は，父親では47.7％，母親では74.7％となっており，母親のほうが比率は高いものの，父親も5割近くが子育てストレスを感じています。

　自由記述に関しては，父親では「自分はできる範囲でやっていると思うのに，妻はそれを認めてくれない」という意見が目立ち，母親では「もっと子育てに関心をもってほしい」という意見が目立ったといいます。父親としては子育て

「父親の子育てに関する調査」（第一生命，2014）
子育てストレスを感じている
　父親　47.7%
　母親　74.7%
（「かなり感じている」と「ある程度感じている」の合計）

父親も5割近くが子育てストレスを感じている

父親の自由記述　「自分はできる範囲でやっていると思うのに，妻はそれを認めてくれない」という意見が目立つ

母親の自由記述　「もっと子育てに関心をもってほしい」という意見が目立つ

> 石井クンツ（2013）
> イクメンの文化が定着してきた日本社会で，新たな難問に頭を抱える父親たちが目立ちはじめた。
> 長引く不況の影響で増える残業やリストラ不安など仕事面でのストレスに加え，自分では精いっぱい育児参加しているつもりなのに妻に理解されず不満をため込み，仕事と育児の「板挟み」状態にあるケースが目立つ。さらには，育児や家事と仕事の両立に苦しむあまり，うつ症状に陥り，精神科クリニックに駆け込んでくる男性会社員が増えている。

図 6-6　父親の子育てストレス

を手伝っているつもりなのに，子育てを主として担っている母親には，そのくらい手伝ってもらっても自分の負担はあまり減らない，もっと手伝ってほしいという思いがあるのでしょう。そうした不満をぶつけられたり，さらなる要求を突きつけられたりすることが，子どもとのかかわりよりもストレスになっている可能性を示唆するものといえます。とくに，父親が稼ぐ役割を中心的に担っている場合は，加重負担によるストレスを溜め込むことになります。

　生後1カ月児をもつ父親の育児不安要因についての調査を行った神宮・久保田（2022）のデータをみると，多くの父親が子育てに困難を感じたり，戸惑いを感じたりしていることがわかります（表6-6）。

　徳満たち（2020）によれば，日本人男性の周産期うつ病の有病率は，妻の出産前8.5％，産後1カ月以内9.7％，産後1〜3カ月8.6％，3〜6カ月13.2％，6〜12カ月8.2％となっており，1割前後の父親に周産期うつ病の徴候がみられることになります。うつ病というほどでなくても，多くの父親に産後うつ的な徴候がみられがちであることは，生後1カ月を過ぎた子の父親を対象とした調査を行った日野たち（2021）の結果からも明らかです（表6-7）。

　社会学者石井クンツ（2013）は，「イクメンの文化が定着してきた日本社会で，新たな難問に頭を抱える父親たちが目立ちはじめた」とし，「長引く不況の影響で増える残業やリストラ不安など仕事面でのストレスに加え，自分では精いっぱい育児参加しているつもりなのに妻に理解されず不満をため込み，仕事と育児の「板挟み」状態にあるケースが目立つ」としています。さらには，「育児や家事と仕事の両立に苦しむあまり，うつ症状に陥り，精神科クリニックに駆け込んでくる男性会社員が増えている」といいます（図6-6）。

　父親の子育てストレスは，子育て行為そのもののストレスというよりも，子育て参加の要請が強まっているのに，稼ぎ手として働かないといけない時間が減らず，思うように子育てにかかわれないストレスが大きいのではないでしょうか。それにもかかわらず妻による要求の度合いが高まっており，妻の満足が得られないこともストレス源となっていると考えられます。

表 6-6　父親の育児不安要因（神宮・久保田，2022）

子育てが難しいと感じる	73.2%
成長や発達のことでわからないことがある	70.7%
子育てに色々心配なことがある	67.5%
イライラしてしまう	30.1%

表 6-7　子育てをする父親の育児困難感（日野たち，2021）

子どものことでどうしたらよいかわからない	48.3%
育児に自信が持てない	26.4%
どのようにしつけたらよいかわからない	48.3%
子育てに困難を感じる	23.0%
父親として不適格と感じる	20.7%

（「はい」と「ややはい」の合計）

7

親子関係の心理

7.1 アタッチメントの発達

7.1.1 アタッチメント理論

　生まれたばかりの赤ちゃんは，周囲の人物を区別することができず，だれに対しても同じように反応しますが，養育者との日常的なかかわりを通して，しだいに養育者と他の人たちを区別するようになります。たとえば，養育者の姿が見えなくなると激しく泣いたり，他の人が抱くと泣くのに養育者が抱くと泣きやんだりというように，養育者とそれ以外の人に対して異なる反応を示すようになります。それは，養育者との間にアタッチメントが成立している証拠とみなされます。

　アタッチメントは愛着と訳されますが，ボウルビィ（1969）によって提唱された概念で，特定の他者との間に築く情緒的絆のことです。淋しいときにあやしてもらえたり，不安や怖れを感じたときにしがみつくと安心できたり，喜びの笑顔や笑い声を交わし合ったりといった情緒的交流の中で，アタッチメントは徐々に形成されていきます。養育者との間にアタッチメントが形成されると，その養育者を安全の基地にすることができるため，冒険に乗り出すことができます。アタッチメントの対象となる養育者が見守ってくれていれば，いざというときには安全の基地に逃げ込めばよいので，安心して周囲を探索し，遊び回ったり，学んだりすることができます。一方，養育者が子どもに無関心だったり，情緒的に不安定だったり，子どもの情緒的働きかけに鈍感だったりすると，アタッチメントの形成が阻害され，養育者を安全の基地とすることができない子どもは気持ちが萎縮してしまいます。

　ボウルビィは，アタッチメントの発達に関して，図 7-1 のような 4 つの段階を設定しています。さらにボウルビィは，乳幼児期に形成されるアタッチメント関係がその後の人間関係やパーソナリティ形成に決定的な意味をもつとみなしました。

7.1.2　ストレンジ・シチュエーション

　養育者との間に望ましいアタッチメントを形成し，のびのびと探索行動を

①**無差別な社会的反応の段階（誕生から 8〜12 週頃）**
要求に応じシグナルに応えてくれる人であれば，だれに対してでも反応
する時期。
②**差別的な社会的反応の段階（6〜8 カ月頃まで）**
母親をはじめ父親などよく世話をしてくれる人にのみ選択的に社会的反
応を示す時期。
③**真のアタッチメント形成の段階（24 カ月頃まで）**
アタッチメントの対象となる人からの分離に対して抵抗を示すのが特徴
であり，移動能力・言語能力の発達により相手の応答に頼らないでも自
力で接近・接触することが可能となる時期。
④**目標修正的協調関係の段階（3 歳以降）**
相手の要求を認識でき，相互交渉においてそれらを考慮に入れなくては
ならぬことを理解するようになる時期。行動としてみられるアタッチメ
ント関係よりも，そのような関係の言語的表象が問題になる。とりわけ
両親の自分に対しての行動の追憶や期待が検討の中心になる。

図 7-1　**アタッチメントの 4 つの段階**（三宅，1998 より作成）

とっている子もいれば，安定したアタッチメントを形成できず，委縮している子もいます。そのようなアタッチメントの質を評価するための実験的方法を開発したのがエインズワースたち（1978）です。それは，**ストレンジ・シチュエーション**と呼ばれるもので，満1歳児のアタッチメントの状態を評価するために考案されました。手続きとしては，1歳児をはじめての場面（見知らぬ部屋で見知らぬ人に会う）に置き，その見知らぬ環境のもとでどのような行動をとるかを評価します（図7-2）。具体的には，部屋にある玩具で遊ぶなどの探索行動，養育者に接触を求める行動，養育者が戻ってきたときの歓迎行動，泣き，微笑などにより得点化します。その得点により表7-1のようにA群（回避型），B群（安定型），C群（アンビヴァレント型）に分類します。後にメインとソロモン（1990）は，無秩序・無方向型のD群を追加設定しています。

　A群の乳児は，分離場面での泣きや再会場面での歓迎行動がほとんどみられず，養育者がいなくてもそれまでと同じように遊んでいます。つまり，養育者が退室しても激しく泣くなどの悲しみのサインをまったく示さず，養育者が戻ってきても歓迎する様子を示さず，無視したりします。

　B群の乳児は，養育者との分離前は養育者を安全の基地として用い，活発な探索行動を示しますが，養育者が退室すると激しく泣くなど悲しみのサインを示し，探索行動が急激に減ります。そして，養育者が戻ってくると抱きついたりして歓迎行動を示し，すぐに落ち着いて活発な探索行動を再開します。

　C群の乳児は，養育者との分離前にすでに不安の徴候がみられます。このタイプは，不安とアンビヴァレントな行動を示すのが特徴で，分離場面では激しく泣いて抵抗し，混乱を示します。再会後はしがみつくなど強く接近や接触を求めますが，抱っこしたりして養育者がなだめてもなかなか機嫌が直らず，養育者を叩いたりしてぐずり，養育者から離れて遊びをなかなか再開することができません。

　B群は，養育者を安全の基地としながら探索行動をとれるので，養育者に対する基本的信頼感が確立されており，安定愛着群とみなすことができます。それに対して，A群やC群は，養育者に対する基本的信頼感が確立されておらず，不安定愛着群といえます。C群は，見捨てられる不安を抱いており，養育者と

7.1 アタッチメントの発達

① 実験者が母子を室内に案内，母親は子どもを抱いて入室。実験者は母親に子どもを降ろす位置を指示して退室。(30秒)

② 母親は椅子にすわり，子どもはオモチャで遊んでいる。(3分)

③ ストレンジャーが入室。母親と子どもはそれぞれの椅子にすわる。(3分)

④ 1回目の母子分離。母親は退室。ストレンジャーは遊んでいる子どもにやや近づき，はたらきかける。(3分)

⑤ 1回目の母子再会。母親が入室。ストレンジャーは退室。(3分)

⑥ 2回目の母子分離。母親も退室。子どもはひとり残される。(3分)

⑦ ストレンジャーが入室。子どもをなぐさめる。

⑧ 2回目の母子再会。母親が入室しストレンジャーは退室。(3分)

図7-2 ストレンジ・シチュエーション（繁多，1987を改変）

たえず接触していないと不安で，そうかといって接触していても心から安らげるわけではありません。それによるイライラがアンビヴァレントな行動につながります。A群は，より深刻な状態にあるとみなされますが，いくらサインを送っても無視されたり拒否されたりするなど，養育者に何かを期待しても裏切られるといった経験が積み重なることで，もう養育者に何も求めなくなっています。いわばアタッチメント関係を諦めているのです。

　無秩序・無方向型は，アタッチメントの対象である養育者に対して接近と回避を同時に示すなど，不自然でぎこちない反応が目立つのが特徴で，養育者が精神的に不安定で混乱気味なために安定したアタッチメントを形成できないと考えられます。

　ほとんどの研究は，A，B，Cの3群の分類法を用いているので，その代表的な各国の研究による分布を示しました（表7-1）。これをみると明らかな文化差があります。アメリカや旧西ドイツではアタッチメントを回避するA群が一定の割合でいるのに，日本では皆無です。とくに旧西ドイツではA群が突出して多くなっています。一方，アンビヴァレントなアタッチメントを示すC群の比率が日本はアメリカや旧西ドイツの約2倍になっています。そして，日本は安定したアタッチメントを形成しているB群がとくに多くなっています。こうした結果は，情緒的な結びつきが強い日本の親子関係の特徴をよくあらわすものといえます。旧西ドイツの調査を行ったグロスマンたち（1981）は，A群が約半数と非常に多いのは，母子間の身体接触の頻度が非常に少なく，早くから子どもを自立させることを目指した育児が行われているからだとしています。三宅（2004）は，母親と乳幼児が身体的に密着する傾向が強くみられ，子どもの要求に屈するなど子どもに欲求不満を経験させないように親が気をつかう日本では，ストレンジ・シチュエーションは強いストレスを感じさせるのではないかとしています。それがC群の多さにつながっていると考えられます。

7.1.3　敏感で応答的な養育者

　ストレンジ・シチュエーションによる各群の乳幼児の母親を比較すると，それぞれの特徴がみられ，安定愛着群であるB群と不安定愛着群であるA・C

7.1 アタッチメントの発達

表7-1 アタッチメントの3群の出現率（三宅，2004より作成）

	A群 （回避型）	B群 （安定型）	C群 （アンビヴァレント型）
アメリカ	22.0%	65.0%	13.0%
旧西ドイツ	49.0%	32.7%	12.2%
日本 　1	0%	72.0%	28.0%
2	0%	75.9%	24.1%

群との間の決定的な違いは，母親の応答性にあります。B群の母親は，泣いたり笑ったり反抗的になったりといった子どもの発する信号に敏感に反応する傾向がみられます。それに対して，A群やC群の母親は，そうした子どもの発する信号を無視したり，非常に遅れて反応したり，的外れな反応をしたりする傾向がみられます。全般的に，A群やC群の母親の子どもに対する態度は拒否的であり，愛情深いものではありません。とくにA群の母親には，子どもとの身体的接触に強い嫌悪感を示す者が多く，また子どもに対して怒りを示すことも多いといった傾向がみられました。C群の母親には，そのような嫌悪感はみられませんでしたが，子どもとの接触も義務的な範囲を出ず，愛情のこもった抱きはあまりみられませんでした。

このような傾向から，健全なアタッチメントの発達のためには，養育者との間に一定量以上の相互交渉があること加えて，子どもの発する信号を養育者が敏感に察知し，適切に反応すること，さらに養育者が子どもとの相互交渉を心から喜んで行う必要があることがわかります。

本島（2017）は，乳児が生後2カ月の時点における母親の情動認知の的確さや敏感性を測定し，1歳半になったときの乳児のアタッチメントの安定性を測定して，両者の関連を調べています。その結果，乳児の喜びや悲哀の表情認知が正確な母親の子どもほど，1歳半になったときのアタッチメントが安定していることがわかりました。また，乳児の発する信号に適切かつ即座に応答する敏感な母親の子どもほど，1歳半になったときのアタッチメントが安定していることもわかりました。

乳児は自分の要求や思いを言葉で伝えることができないため，表情や泣き声で情動を伝えるしかありません（キャンポスたち，1989；スパングラーたち，2005）。そうした乳児が発する信号を的確に読みとり，適切に応答する養育者に対して，安定したアタッチメントが形成されるというわけです（図7-3）。

このように養育者の応答性が非常に重要であることから，子どもに対して適切な応答ができない養育者の敏感性や内省機能の改善を促すための介入プログラムも開発されています（北川，2013）。

7.1 アタッチメントの発達

敏感で応答的な養育者＝泣いたり笑ったり反抗的になったりといった子どもの発する信号に敏感に反応。

子どもの発する信号を敏感に察知し，適切に反応。

乳児の喜びや悲哀の表情認知が正確な母親の子どもほど
乳児の発する信号に適切かつ即座に応答する敏感な母親の子どもほど
1歳半になったときのアタッチメントが安定している。

↓

その後も養育者やその他の身近な人々に対する攻撃行動や回避行動が少なく，協調的・親和的にかかわろうとする。

図 7-3　安定したアタッチメント形成のために必要な養育者の条件

7.1.4 アタッチメントの内的作業モデル

　1歳時点でのアタッチメントとその後の行動に関しては，1歳の頃に安定したアタッチメントを示した子どもは，不安定なアタッチメントを示した子どもと比べて，その後も養育者やその他の身近な人々に対する攻撃行動や回避行動が少なく，協調的・親和的にかかわろうとする傾向が指摘されています。将来の人間関係に影響するということからも，乳児期のアタッチメント形成は重要な意味をもつといえます。

　乳幼児期に形成されたアタッチメントの状態がその後の人間関係のとり方に影響することから，内的作業モデルの研究も行われてきました。ボウルビィ（1973，1980，1982）は，子どもはアタッチメントの対象とのやりとりを通して，アタッチメント対象への近接可能性やアタッチメント対象の情緒的応答性等に関する表象である内的作業モデルをもつようになるとしました。母親が支持的で応答的であれば，子どもは母親を良いもの，安定したものとして内在化し，それに応じて自分についても，価値ある存在，愛され助けられるに値する存在であるといった表象をつくり上げます。それに対して，母親が拒絶的であったり，非応答的であったりすれば，子どもは母親を悪いもの，不安定なものとして内在化し，それに応じて自分についても，価値のない存在，愛され助けられるに値しない存在であるといった表象をつくり上げます。このような内的作業モデルの中核をなすのは，アタッチメント対象にどのような応答を期待できるか，および自分がアタッチメント対象から受容されているかどうか，ということです（ボウルビィ，1973；遠藤，1992）。

　ボウルビィは，このアタッチメント対象と自己に関する内的作業モデルは，乳幼児期，児童期，青年期を通して徐々に形成されるとしています。ただし，とくに生後6カ月から5歳頃までに基礎的な部分が出来上がり，その後は安定性が増し，可塑性がなくなっていくと言います。こうして手に入れた内的作業モデルがさまざまな対人関係に適用され，他者に対しても一貫したアタッチメント行動を示すようになります。友人関係，恋愛関係，配偶者との関係においても，内的作業モデルが適用されるため，養育者との間に安定したアタッチメントを形成している場合は信頼関係や愛情関係を築きやすいのに対して，養育

コラム7-1 適切に応答する親のもとで自他に対する信頼感が得られる

　「安全な基地」があることによって，子どもは安心して冒険ができる。親が安全な基地として機能している場合，子どもは知らない人がいる慣れない場所でも，親が近くにいれば，周囲を探索したり，遊具で遊んだりすることができる。だが，親が安全な基地として機能していないと，知らない人や慣れない場所に対する不安が強く，親にしがみついたまま離れられなくなってしまう。少し離れただけで，ビクビクした様子を見せ，のびのびと探索行動を取ったり遊んだりすることができない。

（中略）愛着の絆ができていないと，いわば「見捨てられ不安」に脅かされるのである。見捨てられ不安というのは，この場合で言えば，親に見捨てられてしまうのではないかという不安のことである。一時的にいなくなってもきっと戻ってきてくれると信頼することができない。だから戻ってきても素直に喜べないのである。

　基本的信頼感は，その後の人生における他者への信頼と自己への信頼の基礎となる。「基本的信頼感の確立」に失敗すれば，他人を疑い，信頼することができず，自分のことも信頼できない，つまり自信がもてなくなる。」

（榎本博明『イクメンの罠』新潮新書）

者との間に安定したアタッチメントが形成できていない場合は信頼関係や愛情関係を築きにくくなります（コラム7-1）。

内的作業モデルは，自身が親になってからの子どもとの関係にも影響すると考えられます（図7-4）。上野（2008, 2010）は，子どもの心理的不適応に関する事例研究により，母親の原家族との良好でない関係性に起因する，母親役割に対する否定的意識や葛藤的な夫婦関係によって，母親の不適切な養育態度が引き出され，それが子どもの心理的不適応の背景にあることを示唆する結果を得ています。さらに上野（2012）は，安定型アタッチメントの母親は，回避型やアンビヴァレント型の母親よりも，夫婦間に連携感や思いやりがあり，母親役割に対して肯定的で，子どもに対しても受容的にかかわっていることを報告しています。金政（2007）も，親になったとき，自身の被養育経験の認知によって形成されたアタッチメントのパターンが，子どもに対する養育態度に伝達される可能性，つまりアタッチメントスタイルの世代間伝達が存在する可能性があることを指摘しています。

7.2　親離れ・子離れ

7.2.1　親と子の相互自立

青年期の発達の重要な課題として，親から精神的に自立するということがあります。まだ社会に出て稼ぐわけではないので経済的に自立することはできませんが，児童期までのような親に心理的に依存して生きる姿勢から脱する必要があります。親への心理的依存からの脱却のことを心理的離乳ともいいます。不登校・ひきこもりなど非社会性による不適応の増加が深刻な社会問題となっていますが，そこには子どもの親離れによる自立がスムーズにいかないことが関係していると考えられます。親離れがスムーズにいかないことの背景として，親による子離れがスムーズにいかないことがあります。つまり，子どもの自立のためには親子の相互自立が必要なのです。

斎藤（2007）は，非社会性を予防するには，子をもつ親の一人ひとりがわが子の自立のために積極的に取り組む必要があると言い，子どもが成人して以降

幼児期に形成された親との間のアタッチメントの状態が，その後の人間関係に影響する

内的作業モデルの基礎部分が，生後6カ月から5歳頃までにつくられる
内的作業モデル＝幼少期における養育者とのアタッチメントによって形成される，自己および他者についての認知的枠組みのこと。
これが他者とのかかわり方を決めていく

友人関係，恋愛関係，配偶者との関係などにも，内的作業モデルが適用される

- 養育者との間に安定したアタッチメントを形成していると，信頼関係や愛情関係を築きやすい

- 養育者との間に安定したアタッチメントを形成できていないと，信頼関係や愛情関係を築きにくい

内的作業モデルは，自身が親になってからの子どもとの関係にも影響する

図 7-4　乳幼児期の養育者とのアタッチメントが将来の人間関係に影響する

も同居や密着を続けることは，それが長期化するとともに，容易に共依存的なもたれ合いに変質していくとします。そして，子に適切な親離れを求めるには，まず親自身が，それに先立って子離れを意識する必要があるとして，次のような提言をしています。「具体的には，思春期早期の段階から，少なくとも30年以上の長期的なタイムスパンで，まず親自身のライフプランを構築し，そのプランの中に子離れのためのタイムスケジュールを設定しておくことが望ましい。高等教育にどの程度の時間とコストをかけるのか。何歳まで子の面倒を見るのか。同居しつつ就労した場合，食費などは家に入れさせるのか。あと何年間同居を続けるのか。」。斎藤は，ほとんどの家族はこれらのきわめて重要な問題について，場当たり的な対応に終始しているような印象があるが，わが子が非社会的な方向に向かうのを避けたいと考えるなら，子どもの自立を促すような環境と関係の枠組みを考え，ふだんからそれを意識しながら子どもに接していく必要があると言います。

　また根ヶ山（2006）は，子育てには子別れといった側面があると言います。苦労の多い子育てを何とか担っていけるのは，単に親としての責任だからというだけでなく，子どもがかわいいからでしょう。そんなかわいい子どもといつまでも一緒に楽しくやっていきたいというような思いを断ち切らない限り，子育てはうまくいきません。子どもを一人前に育て上げ，自立に導くことで，子育ては完遂されるのです。その意味において，子育ては子別れだというのです。

　コラム7-2は，かわいいわが子のために子別れを自ら行った森鷗外の父としてのやさしさが痛いほど伝わってくるエピソードです。自分の淋しさを堪えてでも，親としての役割を自覚して，子どもが配偶者と心から結びつくことができるように，自立＝親離れへと追い立てた鷗外の姿に，父親のあるべき姿をみることができます。子どものこの先の幸せを考え，自分の淋しさを堪えて，あえて突き放す親と，自分が今淋しいのは嫌だから子どもといつまでもベタベタして慣れ親しんでおり，子どもの自立の邪魔をしている親と，どちらがほんとうにやさしいかは明らかでしょう。

コラム7-2 娘を突き放した森鷗外の親心

　鷗外の娘，森茉莉は，自分に対して父鷗外が心理的距離を保とうとするようになったときの淋しさについて，次のように記述している。

　「或時ふと私は，父と自分との間に或冷ややかさのあるのに，気がついてゐた。私は心の隅でその空気を，気にしてゐた。（中略）寂しい空気はいつになつても，なくならなかつた。いつも二人の間に，あつた。空気は薄いけれども執拗で除けてしまふことは出来ないもののやうで，あつた。私はその空気が気になり，いつも，寂しかつた。（中略）時々私は父に近づかうとした。だが父と私との間にある空気がなぜだかそれをさせない。私は父と少しづつ距たつて行くよりないやうで，あった。（中略）私は少しづつ父と離れた人に，なつていつた」（森茉莉「棘」森茉莉全集1『父の帽子／濃灰色の魚』筑摩書房，所収）

　父との間にある冷ややかな空気，淋しい空気，これまでのように父に甘えることを許さないような空気。じつは，この父と子の間を隔てる空気は，父親としての使命感から，子どもを自立へと追いやった鷗外の親心が醸し出したものであった。だが，子どもには親心などなかなかわからないものである。

　「或日の事，私は母と話してゐる内に父との間にあつた不思議な空気が，何であつたかを知ることが出来た。私が寂しさを感じてゐた頃，母もそれを怪しんで父に訊ねたのだつた。父は《おまりはもう珠樹君（茉莉の夫＝著者注）に懐かなくてはいけない。それは俺がさうしてゐるのだ》と，答へた。父は故意と私を遠のけて，ゐたのだつた。寂しさに耐へて，さうしてゐたのだ。」（同書）

7.2.2 親の側の分離不安

　近年の非社会性の問題の背景には，子別れがうまく機能しないため子どもの自立性が順調に育っていないということがあると考えられます。山田（1999）は，学校を卒業し，就職をしても親と同居し，住居費や食費など基礎的生活条件を親に依存している未婚者をパラサイト・シングルと名づけました。これを日本語に訳すと寄生単身者となります。親に寄生している独身者という意味です。

　どんなに仲の良い友だちでも，一緒に過ごしていると，親と家にいるときよりは気をつかうという人が多いのではないでしょうか。しかし，社会に出て他人の中に混じって生きていくには，そうした気をつかう人間関係の世界に乗り出していく必要があります。ところが，親が子どもを自立へと追いやらないでいれば，子どもは気楽な人間関係の世界である家族の世界に安住してしまいがちです。くもん子ども研究所の調査によると，現在小学4年生から高校3年生の子どもの両親が結婚前にどのような生活をしていたかについて，結婚までずっと親と同居していたのは，父親40.6％，母親39.1％であり，親との同居期間中に食事・洗濯など日常的な世話を受けていた者が父親・母親共7割以上，経済的な援助を受けていた者が父親2割弱，母親4割弱でした（図7-5）。そのことから柏木（2001）は，学校を卒業後就職して給料を得てからも，親との別居はおろか経済的にも親に依存し寄生しているのは，先進国の中ではかなり特殊だとしています。そして，離家することは，親にとっても子どもにとっても重要でありそうすべきだとの規範が，今の日本ではきわめて希薄だとも指摘しています。

　最近は，子どもを自立へと追いやらずに手元に置いておきたがる親が増えているとされ，とくに母娘間の相互自立ができていない親子が目立つところから，一卵性母娘などといわれることもあります。それは親子の共依存の一種であり，子どもの自立を妨げることになりがちです。その背景として母親の側の分離不安があると考えられますが，母親が抱く分離不安は息子より娘に対するほうが強いことがデータで示されています（谷井・上地，1993；林，2005）。高木・柏木（2000）は，母親において，「夫との関係の希薄さ」と「娘こそが自分の

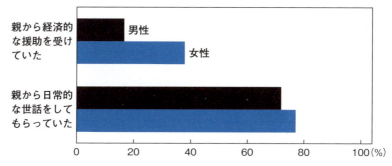

図7-5 パラサイト息子・娘は親からいろいろなことをしてもらっている
（くもん子ども研究所，2000；柏木，2001より）

理解者であるという母親の感情」が連動していることを示すデータを得ています（表7-2）。このようなデータから，子の自立を促すには母親の分離不安を解消する必要があり，そのためには夫婦関係の希薄化を解消する必要があることがわかります。

　水本たち（2017）は，母親と大学生である子の親離れ・子離れ認知についての検討を行い，子は母親自身の認知よりも「親の分離不安」を強いと感じていること，「母親は子離れしている」と認識している者のほうが母親との信頼関係を築いていると感じていること，「母親は子離れしていない」と認識している者は母親からの統制的かかわりを母親が思うよりも強く感じていることなどを見出しています。「母親は子離れしている」と認識している者のほうが，概して母子関係に満足していました。このような結果からも，親の分離不安は子が大学生になっても結構あるもので，それを克服することが健全な親子関係のためにも大切であるといえそうです。

7.3　揺れる父親像

7.3.1　父親イメージの悪化傾向

　ひきこもり経験のある学生は父親に対して頑固で親しみがなくコミュニケーションも少ないというように否定的イメージをもつ者が多く，ひきこもり経験のない学生は父親に対して柔軟で親しみがありコミュニケーションが多いというように肯定的イメージをもつ者が多いとの報告（花嶋，2007）や，青年期になっても父子関係が良好だと適応が良いとの報告（アダムスとラウアセン，2007；チェンたち，2000）があるように，父子関係やそれに基づく父親イメージは子どもの適応にとって重要といえます。

　佐藤・佐々木（2007）は，小学6年生の子どもが抱く父親イメージに関して，1987年と2006年の約20年間の変化を検討しています（表7-3）。そこでは，子どもが感じる母親の父親観についても調べています。それによれば，母親の父親観は，20年間で明らかに否定的な方向に変化しています。たとえば，母親が父親を「よくほめる」と感じている子どもの比率は，14.0％から6.0％と

表 7-2 **夫からの情緒的サポートと娘への期待・感情（相関）**
（高木・柏木，2000）

	娘への期待・感情			
	娘が理解者	娘からの世話期待	娘の人生への関与・介入	一心同体
夫からの情緒的サポート	− .505**	− .102	− .037	− .166*

$^{**}p<.01,\ ^{*}p<.05$

10 ポイント近く低下しています。母親が父親を「大切にしてる」と感じている子どもの比率は，過半数を占めるものの，65.4％から55.0％と10ポイント低下しています。母親が父親を「尊敬してる」と感じる子どもの比率は，36.9％から20.0％と17ポイントも低下し，わずか2割となっています。

　そうした母親の父親に対する態度の悪化に対応するかのように，子どもの抱く父親のイメージも悪化しています。あたたかい，元気，責任感ある，思いやりがある，落ち着いている，頼もしい，きちんとしている，強そう，など，ほとんどの項目で肯定的イメージが低下しています。

　さらに，父親に対する子どもの態度をみても悪化が目立ちます。父親のことを「偉いと思っている（尊敬）」子どもの比率は，60.0％から38.5％と大幅に低下しています。父親は自分のことを「わかってくれていると思っている（理解）」子どもの比率は，59.7％から52.3％とやや低下しただけでしたが，「父親のようになりたいと思っている（同一視）」子どもの比率は，34.0％から17.4％と大幅に低下しています。

　2002年に実施された「中学生・高校生の生活と意識調査」（NHK放送文化研究所）によれば，「どういう親でありたいか」については，「できるだけ子どもの自由を尊重する父親」が83.2％，「子どもを甘やかさない，きびしい父親」が17％となっており，できるだけ子どもの自由を尊重する父親でありたいと思う者が圧倒的に多く，厳しい父親でありたいという者は2割もいませんでした。

　2015年に20歳前後の大学生と30代〜60代の成人を対象に榎本が実施した親についての調査の結果をみても，自分の父親は厳しかったという者は30代以上の43％に対して大学生は32％と少なく，父親からよくほめられたという者は30代以上の20％に対して大学生は34％と1.7倍であり，以前に比べて父親が厳しくなくなっていることがわかります。このように，父親は，厳しくなくなり，よくほめてくれるようになったわけですが，そのような父親に対するイメージは，以前よりもかなり悪くなっているのです。

　筆者は，1990年と2018年に，大学生を対象に同じ38項目を用いて，父親イメージと母親イメージについての調査を行っています。それをもとに，この

表 7-3　父親イメージの約 20 年間の変化（佐藤・佐々木，2007 より作成）

子どもが感じる母親の父親観　　　　　　　　　　1987 年　2006 年

母親が父親を「よくほめる」と感じている　　14.0%→ 6.0%

母親が父親を「大切にしてる」と感じている　65.4%→55.0%

母親が父親を「尊敬してる」と感じる　　　　36.9%→20.0%

子どもの抱く父親のイメージ

あたたかい，元気，責任感ある，思いやりがある，落ち着いている，頼もしい，きちんとしている，強そう，など，ほとんどの項目で肯定的イメージが低下

父親に対する子どもの態度　　　　　　　　　　　1987 年　2006 年

父親のことを「偉いと思っている（尊敬）」　　60.0%→38.5%

父親は自分のことを「わかってくれていると思っている（理解）」

　　　　　　　　　　　　　　　　　　　　　　59.7%→52.3%

「父親のようになりたいと思っている（同一視）」　34.0%→17.4%

約30年の間に父親イメージがどのように変化しているかをみてみましょう。男子学生では，大きな差がついたのは38項目中15項目で，今の父親のほうが，個性的，明るい，派手，おしゃべり，賑やか，軽率，不安がち，柔らかい，不活発，不安定，真面目でない，冷静でない，理性的でない，誠実でない，頼りない，といった傾向がみられました。女子学生では，大きな差がついたのは38項目中10項目で，今の父親のほうが，鈍感，暗い，温かくない，真面目でない，軽率，不安がち，不注意，角のある，無気力，だらしない，といった傾向がみられました。このように男女共この30年ほどの間に父親イメージが悪化していますが，とくに女子において大きな差がついた項目すべてが悪化傾向を示しています。

7.3.2 母親の父親観による子どもの父親観への影響

　サラリーマン化による職住分離のため父親が働いている姿を子どもが目にする機会がなくなったことが，子どもが抱く父親イメージの悪化につながっているといった指摘もあり，それはもっともなことと思われます。ただし，それとともに，母親が子どもと父親をうまく仲介できていないことも，子どもが抱く父親イメージの悪化の要因となっているのではないでしょうか。

　精神分析学の立場から，馬場（1984）は，母は父と子の間に立つ媒介者として，父のイメージを強化したり，歪めて伝えたり，父に対する子の感情を強めたり弱めたりすると指摘しています。たとえば，父母関係が良好で，母が父を尊敬しているときには，息子は父のように振る舞って母の賞賛を得ようとして，父同一化の傾向を強めるだろうし，母が父を軽蔑しているときには，息子は父同一化の努力をやめて，男らしさを身につけなくなってしまうだろうと言います。

　前項で紹介した佐藤・佐々木（2007）による約20年間の父親に対する母親の態度と子どもが抱く父親イメージについての比較データをみても，父親のイメージの悪化には，父親に対する母親の態度が強く影響していることが明らかです。すべての項目で，母親の父親観が肯定的であるほうが，父親イメージが肯定的なものになっています。このようなデータは，母親がどんな父親でいて

表 7-4 母親による父親情報の伝え方についての項目例
（萩臺・若島，2020 より抜粋）

和やか
- 母親は父親の話をするとき，笑顔である
- 母親は父親の話をするとき，やさしい表情である
- 母親は父親のことについて楽しそうに話す

ぎこちなさ
- 母親は父親の話をするとき，言いよどむ
- 母親は父親のことについて，うつむいて話す
- 母親は父親の話をするとき，視線をそらしている

父親の親和的情報
- 母親は父親の能力や成果について褒める
- 母親は父親の仕事が大変そうで，心配だと話す
- 母親は父親の人間性について褒める

父親に対する不満
- 母親は父親の生活や行動について改善してほしいことを話す
- 母親は父親が家事を手伝ってくれないと話す
- 母親は父親に対する不満を解消するような話をする

ほしいと思っているか，そして現実に目の前にいる父親に納得しているかどうかが大切であり，それが子どもの父親イメージに影響し，ひいては父親の教育力を左右し，子どもの発達にも影響することを示唆するものといえます。

萩臺・若島（2020）は，母親による父親情報の伝え方が父親イメージに与える影響についての調査研究を行っています。その結果，母親の父親情報の伝え方に関しては，和やかに伝えることが男子の父親イメージを好意的なものにし，ぎこちなく伝えることが女子の父親イメージを否定的なものにすることが示されました。母親が伝える父親情報の内容に関しては，親和的情報を伝えることが男女の父親イメージを好意的なものにし，不満を伝えることが女子の父親イメージを否定的なものにすることが示されました。こうした結果からも，母親が日常的に父親について子どもにどのように話しているかが，子どもが抱く父親イメージに影響していることが明らかです。伝え方の「和やか」や「ぎこちなさ」，内容の「親和的情報」や「不満」を測定する具体的項目は表 7-4 の通りです。

8

家族の
ライフサイクルと
発達段階

8.1 家族発達段階論

8.1.1 家族のライフサイクルと発達課題

個人の人生にライフサイクルがあり，それぞれのライフステージごとに適切に対処すべき課題があるように，家族という集合体にもライフサイクルがあり，それぞれのライフステージごとに対処すべき課題があるとみなすのが，家族発達段階論です。家族の発達をいくつかの段階に区切り，それぞれの段階において対処すべき固有の課題があるとみなすのです（図 8-1）。

家族成員には，いつまでも以前の段階の家族関係にとらわれずに，新たな段階において求められる関係性へと転換していく柔軟性が求められます。たとえば，子どもが幼児・児童のような段階にあるうちは，親は子どもに対して保護的にかかわる必要があるでしょう。しかし，子どもが青年期に到達し，自立を模索する段階になっても，子どもに保護的にかかわるばかりでは，過保護となり，子どもの自立の妨げになります。そのような段階では，幼児期や児童期のように子どもと心理的に近い距離をとるのをやめて，距離を置いて見守る姿勢が必要となります。そうした転換がうまくできない親のもとでは，子どもは自立への一歩を踏み出せなくなってしまいます。

このように，家族発達段階論では，家族の始まりから終焉までをいくつかの発達段階に区切りますが，家族にとって大事なのは，ある発達段階から次の発達段階への移行をスムーズにこなしていくことです。そのためにも，それぞれの発達段階においてどのような課題が重視されるのかを知っておく必要があります。

8.1.2 カーターとマクゴルドリックの家族発達段階論

ヒューズたち（1978）は，家族発達段階の移行には第 2 次変化が必要であると言います。特定の発達段階の中で，コミュニケーションをとったりして家族の人間関係上の問題を解決できるという場合は，第 1 次変化での対応ということになります。第 2 次変化というのは，家族システム自体を変えることで対応することを指します。ホフマン（1980）も，家族の発達は連続的なプロセスで

個人の人生にライフサイクルがあり，それぞれのライフステージごとに適切に対処すべき課題があるように，家族という集合体にもライフサイクルがあり，それぞれのライフステージごとに対処すべき課題があるとみなし，家族の発達をいくつかの段階に区切り，それぞれの段階において対処すべき固有の課題を示すもの。

家族成員には，いつまでも以前の段階の家族関係にとらわれずに，新たな段階において求められる関係性へと転換していく柔軟性が求められる。

図 8-1　家族発達段階論とは

はなく，新たなシステムが機能し始める第2次変化によって成し遂げられるとしています。このような視点に立って発達段階論を提示したのがカーターとマクゴルドリック（1980）です。その発達段階論では，家族のライフサイクルを6段階に区分し，それぞれの段階における主要課題を設定しています（表8-1）。

各発達段階で対処すべき課題

　カーターとマクゴルドリックの発達段階論では，第1段階として親元から独立して暮らしつつも，まだ結婚していない時期を設定しています。しかし，家族の発達段階としては，結婚によって新たな家族が形成されたところから出発するほうがしっくりきます。その意味では，岡堂の発達段階論のほうが適切ではないかと思われます。

　岡堂（1999）は，同じく6段階からなる家族発達段階論を提示していますが，カーターとマクゴルドリックの第1段階を除外し，新婚期から始めています。そして，カーターとマクゴルドリックの第3段階の幼児を育てる時期を出産・育児期と子どもが学童の時期に分けています。そこで，岡堂の家族発達段階論（表8-2）に沿って，各発達段階に対処すべき課題をみていきましょう。

8.2.1　新婚期の危機と課題

　結婚してから数年が新婚期ですが，一般に第1子の誕生までの時期を指します。現在では恋愛結婚の比率が非常に多く，気の合う好きな者同士が結婚するわけですが，別々の家に暮らしながらデートするのと，1つの家で一緒に生活するのでは，関係性は大きく違ってきます。実家にいるときや一人暮らしのときのように，わがままに自分のペースを貫くことは許されず，お互いに配偶者を気づかいながら過ごさなければなりません。一緒に暮らすようになれば，それまで気づかなかった新たな面を相手の中に発見するものです。現実生活が継続する中で思いがけない短所に気づくこともあるでしょう。また，一緒に暮らせばお互いの生活習慣の違いが表面化してきて，譲歩して相手に合わせるのに疲れたり，イライラしたりしがちです。そして，「こんなはずじゃなかった」

8.2 各発達段階で対処すべき課題　　　137

表 8-1　家族発達段階と各段階における主要な課題
(カーターとマクゴルドリック，1980；岡堂，1999)

段階	時期	心理的な移行過程	発達に必須の家族システムの第二次変化
1	親元を離れて生活しているが，まだ結婚していない若い成人の時期	親子の分離を受容すること	a. 自己を出生家族から分化させること b. 親密な仲間関係の発達 c. 職業面での自己の確立
2	結婚による両家族のジョイニング，新婚の夫婦の時期	新しいシステムへのコミットメント	a. 夫婦システムの形成 b. 拡大家族と友人との関係を再編成すること
3	幼児を育てる時期	家族システムへの新しいメンバーの受容	a. 子どもの誕生に伴い夫婦システムを調整すること b. 親役割の取得 c. 父母の役割，祖父母の役割を含めて，拡大家族との関係の再編成
4	青年期の子どもをもつ家族の時期	子どもの独立をすすめ，家族の境界を柔軟にすること	a. 青年が家族システムを出入りできるように，親子関係を変えること b. 中年の夫婦関係，職業上の達成に再び焦点を合わせること c. 老後への関心をもち始めること
5	子どもの自立と移行が起こる時期	家族システムからの出入りが増大するのを受容すること	a. 二者関係としての夫婦関係の再調整 b. 親子関係を成人同士の関係に発達させること c. 配偶者の親・兄弟や孫を含めての関係の再編成 d. 父母（祖父母）の老化や死に対応すること
6	老年期の家族	世代的な役割の変化を受容すること	a. 自分および夫婦の機能を維持し，生理的な老化に直面し新しい家族的社会的な役割を選択すること b. 中年世代がいっそう中心的な役割を取れるように支援すること c. 経験者としての知恵で若い世代を支援するが，過剰介入はしないこと d. 配偶者や兄弟，友人の死に直面し，自分の死の準備をはじめること ライフ・レビューによる人生の統合

表 8-2　岡堂の 6 つの家族発達段階 (岡堂，1999 より作成)

第 1 段階：新婚期
第 2 段階：出産・育児期
第 3 段階：子どもが学童の時期
第 4 段階：子どもが 10 代の時期
第 5 段階：子どもが巣立つ時期
第 6 段階：加齢と配偶者の死の時期

といった思いが脳裏をよぎったりします。

　このように，結婚というのは，言ってみれば異文化の出会いであり，新婚期にはお互いの性格や価値観や生活習慣のすり合わせが必要であり，それに伴う心理的葛藤が渦巻くため，けっして幸せいっぱいのおめでたい時期というわけでもないのです。そこを何とか乗り越えて，配偶者と2人で新たな家族の文化を築き上げていかねばなりません。そのためにも，お互いにそれまでの自分の生活スタイルを相手に合わせて変えていくことが必要です（表8-3）。

　そのことに気づかずにそれまでの生活スタイルを続けていると配偶者を苛立たせ，両者の間に心理的な溝ができてしまうことになりかねません。実家の親と同じように相手が自分に合わせてくれるものといった甘えを無意識のうちに抱えていると，一方的に相手に期待し，思い通りにならないとイラついたりするばかりで，相互的で親密な関係を築くことができません。また，実家の親やきょうだいとの心理的距離の近さが新たな家族の形成の妨げになることもあります。実家の親ももともとは他人同士で新たな家族の文化を築き上げたのだということを改めて意識し，実家の家族よりも近い心理的距離で配偶者とかかわることも大切となります。

　このように異文化との出会いでもある新婚期は本人たちが思う以上に難しい時期でもあるため，結婚前に結婚前カウンセリング等により結婚レディネスを整えておく必要があるとの指摘もあります（バーガーとハナー，1999；ラーセンとオルソン，1989；スターマン，2000；吉川，2009）。また，結婚生活への適応に肯定的に作用するパーソナリティ特性として外向性，協調性，誠実性が，否定的に作用するパーソナリティ特性として神経症傾向が指摘されています（ルシェールとサボーリン，1999；ラヴィーとベン=アリ，2004）。結婚生活にはお互いの思惑のズレによってさまざまな葛藤がつきものなので，コミュニケーション能力やコミュニケーションを用いた葛藤解決能力が必要となるため，配偶者と積極的にコミュニケーションをとろうとする姿勢が求められます。

8.2.2　出産・育児期の危機と課題

　結婚した夫婦に子どもが誕生すると，家族関係は二者関係から三者関係に移

表 8-3　新婚期の課題

新婚期は，異文化との出会いの時期でもある

この時期の課題
　　　①一緒に暮らすことで配偶者の理想像を現実像に修正していく
　　　②お互いの性格や価値観や生活習慣のすり合わせが必要
　　　③出生家族から離脱し，２人で新たな家族の文化を築き上げていく

行します（**出産・育児期**）。独身生活から夫婦生活への移行による生活スタイルの調整が何とかできたところで，今度は夫婦だけの生活から子どもを含んだ生活への移行を果たさなければなりません。そこでは，新たな役割を担う必要が生じます。夫には配偶者としての役割に加えて父親としての役割が，妻にも配偶者としての役割に加えて母親としての役割が求められます。それにより，時間の使い方，部屋の使い方，家計の支出，帰宅後や休日の過ごし方などが大きく変わります。この時期には，夫婦それぞれが親役割を担う覚悟が求められます。どちらか一方にその覚悟がなく，それまでの生活パターンを変えない場合，親子関係や夫婦関係に歪みが生じることになりかねません（**表 8-4**）。

　子どもが生まれると，たえず赤ん坊の世話の必要が生じます。赤ん坊は，親の都合に関係なく，泣き叫んでさまざまな要求をします。そうしないと生きていけません。そこで親は，どんなに眠くても，どんなに疲れていても，やらなければならないことが他にあっても，赤ん坊の要求に応えてやらねばなりません。夫婦中心に家族生活が成り立っている欧米と違って，親子中心に家族生活が成り立っている日本では，親は赤ん坊の世話に振り回されることになります。それを幸せと感じる心がある場合でも，疲労感や閉塞感に襲われがちです。そのような事情もあって，子どもの誕生は祝福すべきことなのですが，子どもの誕生によって夫婦関係が悪化することが少なくないという指摘もあります（ベルスキーとロヴァイン，1990）。日本はとくに子どもが大切にされる社会ですが（榎本，2015，2022；山住・中江，1976），親子関係が中心になりがちなため，夫婦関係が希薄化し，母子密着や父親疎外などといった事態に陥り，将来の危機につながることもあるので，夫婦関係の維持も大切です。

　とくに，生育家庭でわがままが許された場合や自分のペースで自由に過ごせる独身生活が長かった場合は，自分の思うようにならない赤ん坊相手の生活を息苦しく感じることもあるでしょう。また，核家族では子育て経験者による助言を日常的に得ることができず，はじめてのことばかりなため，子どもの発する信号が何を意味しているのか，どう対応したらよいのかがわからず困ったり，自分の対応や世話の仕方が適切かどうか悩んだりすることもあるでしょう。そうしたことが積み重なって，子育てストレスが重くのしかかってくるというこ

表 8-4　出産・育児期の課題

家族関係が二者関係から三者関係に移行する時期

この時期の課題
　　　①子どもを含む新たな生活パターンを確立する
　　　②夫婦共に親役割を担う覚悟をする
　　　③子どもの世話をしつつも夫婦関係も維持する
　　　④夫婦が協力し合って子育てストレスによる危機を回避する

とになりがちです（榎本，2006；高石，2007）。父親の子育て参加が母親の子育てストレスを和らげることも指摘されているので（石・桂田，2013；小林，2009；尾形，2011），子育てストレスによる危機を回避するには，夫婦が共に親役割をきちんと担い，力を合わせて子どもに向き合う必要があります。

8.2.3　子どもが学童期の危機と課題

　子どもが学校に通うようになると，子どもの世界は急速に広がっていきます。それまでは親子関係中心の生活だったのが，友だち関係の生活の比重が増してきます。乳幼児期には起きている時間のほとんどすべてを親と過ごし，幼稚園に通うようになっても起きている時間の半分くらいは親と過ごしていたのに，小学校に通うようになると，学校帰りに友だちと遊んだり，習い事に通ったりすることもあって，親と子の距離感も微妙に変化していきます（表 8-5）。

　それを親が淋しく感じ，子どもとの心理的距離をしだいに大きくしていくことができない場合，子どももそれに敏感に反応するため，子どもの自立性の発達に支障が生じることがあります。将来の不登校やひきこもりの背景として，子どもの自立性が健全に育っていないということがあったりします。そこで，この時期に大切となるのは，親が子どもに対する分離不安（林，2005；水本たち，2017；高木・柏木，2000；谷井・上地，1993）に適切に対処することです。子どもの発達にとって，家庭中心の生活から学校中心の生活への移行の中で，友だち関係をしっかり確立し，自分の世界を広げていくことが非常に重要な課題となります。それを淋しく思う親の存在は，子どもの健全な発達の妨げになります。

　この時期には，子どもは友だち関係ばかりでなく，勉強への取組みでも多くのことを学んでいきます。そこでは，知的好奇心を刺激されて興味津々になったり，できないことが試行錯誤によって自力でできるようになったりすることで，自発性や自信を身につけていきますが，何かにつけて口を挟んだり，先回りしてアドバイスしようとする過保護な親の姿勢は，子どもが自発性や自信を身につける機会を奪ってしまいかねません。自立に向けて試行錯誤しながら奮闘する子どもを，過保護にならずに温かく見守る姿勢が求められます。

表 8-5　子どもが学童期の課題

子どもが学校に通うようになり，親子関係中心の生活を脱し，友だち関係の生活の比重が増していく時期

この時期の課題
　　　①親子の距離感の変化に適応する
　　　②子どもに対する分離不安を克服し，子どもが友だち関係の世界に乗り出すのを支援する
　　　③過保護にならず，自発的な動きを見守る
　　　④子どもにとって安心できる居場所になるべく温かい関心を向ける

144 第 8 章 家族のライフサイクルと発達段階

　一方で，分離不安に悩まされる親と反対に，親役割を息苦しく思う場合，子どもが学校に行くようになって解放されたという思いが強く，すべてが学校任せになり，子どもに無関心になることもあります。親が親自身のことで頭がいっぱいで，子どもに関心が向かないと，子どもにとって家庭が安心してエネルギーを補充できる場にならず，学校生活のストレスをうまく解消できなかったり，居場所のなさから非行集団など外の世界に居場所を求めたりすることにもなりかねません。この時期にはまだ親の保護が必要であり，早すぎる自立には危険が伴います。

　このように，子どもが学童期の親には，子どもが学校生活中心になっていくことによる分離不安を克服するとともに，過保護にならない形で子どもをしっかり見守り保護していく姿勢が求められます。青年期の精神的健康に関する研究において，過去の両親に対して肯定的なイメージをもっていることが過去の自分に対する肯定的なイメージの形成につながり，現在の抑うつ感を軽減し，充実感を促進することが示されていますが（今野・吉川，2014），この時期に安定した親子の信頼関係を築いておくことが，その後の子どもの健全な発達の土台となります。

8.2.4　子どもが 10 代の時期の危機と課題

　小学生から中学生への移行期の前後，個人差はありますが小学 5 年生あたりから中学 2 年生くらいまでが，いわゆる思春期と呼ばれる時期です。思春期になると，身体面の成熟が子どもから大人への移行を示すだけでなく，心理的にも子どもから大人への移行が始まります。児童期までは親の保護下でつくられてきた自分を生きているといった感じだったのが，思春期になると，「自我の目覚め」とか「心理的離乳」などといわれるように，自分のことは自分で決められるようにならねばならず，心理的な親離れが求められます（表 8-6）。

　10 代というのは，認知能力の発達により抽象的思考が可能になり，自分の内面に目が向かうようになって，「自分は何のためにこの世に生まれたんだろう？」「自分らしさって何だろう？」「これから自分はどのように生きていったらいいんだろう？」「どう生きるのが最も自分にふさわしいんだろう？」など

表 8-6　子どもが 10 代の時期の課題

子どもが思春期を迎え，心理的離乳を果たし，アイデンティティをめぐる
問いと格闘しながら自己を確立していく時期

この時期の課題
　　　　①自己の確立のために格闘する子どもを温かく見守る
　　　　②子どもが自立していく淋しさを克服する
　　　　③子どもの反抗の意味を考え，冷静に対処する

といったアイデンティティをめぐる問いと格闘する時期でもあります。親の言いなりではなく自分の意思で自分の生き方を決めていく，そんな新たな自分づくりというのは，わくわくする反面，大きな不安を伴います。「もう子どもではないんだ」と自覚し，子どもの自分から脱皮するという意味で，ある種の淋しさを感じることもあるでしょう。

　そのような時期には，自立しなければといった思いと同時に，自信がなく不安になったり，まだ親に依存していたいといった甘えも捨てきれず，心理的に不安定になりがちです。そうした不安や甘えを断ち切るかのように，親に反抗するのも，この時期の特徴です。親が親切心で言っていることがわかっていても，「うるさいな！」「よけいなお節介だ！」と反発したり，いちいち反抗的な態度をとったりすることがあります。それは，自立に向かっている子どもの依存・甘えと自立をめぐる葛藤のあらわれといえますが，そうした子どもの反抗に戸惑う親も少なくありません。親としては，そのような時期の子どもの心理を踏まえて，落ち着いた対応をすることが求められます。

8.2.5　子どもが巣立つ時期の危機と課題

　子どもが学校を卒業し就職して，家を出て社会的に自立する時期には，親と子は心理的に分離するだけでなく，経済的にも分離し，やがて家を出ることで物理的にも分離していきます。このような子どもの巣立ちの時期をうまく通過できない親子も，最近では珍しくありません（表 8-7）。

　この時期における親としての重要な課題は，子どもの巣立ちに伴う喪失感に振り回されないように，子どもなしの家族生活を確立することです。それができないと，喪失感に耐えられずに，子どもの巣立ちの邪魔をすることになりかねません。ひきこもりの急増が深刻な社会問題になっていますが，その背景の一つとして子どもを巣立たせたくない親の心理があることも否定できません。どんなに親しくても他人と暮らすより生まれたときから馴染んできた親と暮らすほうが気楽でしょうし，親には気をつかう必要がなくわがままな側面も出せるでしょうが，他人には気をつかうため気疲れするものです。ゆえに，親が子離れできず，子どもを自立へと追い立てることがなく，むしろ自立せずに身近

8.2 各発達段階で対処すべき課題

表 8-7 子どもが巣立つ時期の課題

子どもが学校を卒業し就職して，家を出て社会的に自立する時期

この時期の課題
　　　①子どもの巣立ちに伴う喪失感を克服する
　　　②子どもの自立の足を引っ張らない
　　　③子ども抜きの家族生活を確立すべく夫婦関係を大切にする
　　　④子どもの世話以外にやりがいを感じることをもつようにする

にとどまってほしいといった思いを抱えていると，子どもはあえて厳しい外の世界に巣立っていく覚悟ができません。

　親が子どもの自立を促せるようになるには，親自身が子どもなしでも充実した生活ができるようになっていなければなりません。そうでないのに子どもが巣立っていったような場合は，空の巣症候群（コラム 8-1）と呼ばれる心理的危機を経験することにもなりかねません。子どもの世話という役割を失い，心の中が空っぽになり，一人取り残されたような淋しさと空虚感に苛まれるものです。深刻なケースでは，キッチンドリンカーといわれるような，アルコール依存をはじめ何らかの依存症に陥ることもあります。

　このような子どもの自立不全や親自身の心理的不適応を防ぐためにも，日頃から夫婦関係をおざなりにせず，しっかり築いておく必要があります。親役割だけにならずに，配偶者役割もしっかり担っておくことです。それとともに，子どもの世話以外にもやりがいが感じられるような仕事や趣味をもつことも大事です。また，配偶者以外にも気になることを遠慮なく話せるような親しい人間関係をもつことも大切です。

8.2.6　加齢と配偶者の死の時期の危機と課題

　子どもが巣立った後の，中年期後半から老年期の夫婦生活の時期には，夫婦が支え合ってさまざまな危機を乗り越えて行く必要があります。中年期後半になると，多くの人は体力の衰えや記憶力の衰え，あるいは気力の衰えを感じ，もうこれまでのようにはやっていけないと感じ，生き方の転換が課題となります。仕事中心の生活をしている場合は，働き盛りを過ぎて自分を振り返る余裕が生じたり，先が見えてきて仕事一途の生き方に虚しさを覚えたりして，「自分の人生は何だったんだろう？」「これからどう生きていけばいいんだろう？」などといったアイデンティティをめぐる問いに再び直面します。子育て中心の生活をしていた場合は，巣立ちの時期の後に危機を経験し，新たな生き方を模索してきたはずなので，打ち込む趣味や仕事があったりして，もう少し余裕はあるかもしれません。それでも趣味や仕事で限界を感じることがあるかもしれません。そうした時期の夫婦は，お互いに支え合いながら，生き方を模索して

コラム8-1　空の巣症候群

　夫婦と子どもによって構成される核家族を想定した場合，子どもが成長して親の手を離れるようになると夫婦二人きりの家族に戻る。そこで，育児や教育に専念してきた親，特に母親は取り残された思いにかられ，家族生活や人生に虚無感を抱くようになりやすい。ちょうどこの時期に母親は更年期障害による心身の不安定な状態にも見舞われ，いわゆる中年の危機が出現しやすい。

　一方，夫のほうは仕事盛りの時期にあり，留守がちであったり，性愛の濃やかさにも欠け，妻の訴えとか悩みごとにもあまり耳を傾けようとしなくなるので，妻の不満はいっそうつのる。その結果，妻の心身の不安定さはますます大きくなる。生きがい感の喪失，人生の後悔や空虚感，気分の落ち込みや抑うつ状態，頭痛や目まいや心悸昂進などの身体症状などが現れる。またこうしたこころの空虚感を埋め合わせようとして，それまで見向きもしなかったアルコール類に手を出して依存症に陥ったり，日中の暇をもてあましてパチンコなどにのめり込んだりする。

　このような親としての役割を失うことからくる心身の不適応状態を「空の巣症候群」という。

（長谷川　浩「空の巣症候群」日本家族心理学会（監修）
『家族心理学事典』金子書房，所収）

いく必要があります（表 8-8）。

　最大の危機は，定年退職による生活の大転換が求められる時期に訪れます。結婚して以来，昼間もずっと夫婦が一緒にいるということはなかったでしょうから，はじめてのことになります。配偶者が「こんな人とは知らなかった」といった驚きを口にする人も少なくありません。そこで相手を否定するような姿勢をみせれば，相手もこちらを否定するような姿勢になってしまいます。この時期には，身近な先輩や友人が認知症になったり，健康を損ない自由に活動できなくなったり，亡くなったりして，心細くなることもあるでしょう。自分自身が認知が悪くなったり，健康を損なったりして，苛立ったり，落ち込んだりすることもあるでしょう。そのような時期だからこそ，お互いの配偶者像を現実に合わせて修正しつつ，理解し合い，支え合っていく必要があります。やがて配偶者の死に直面し，その喪失を乗り越えていくという大きな試練に見舞われます。そうした老年期を心穏やかに過ごすためにも，「紆余曲折あったけれども，良い人生だった」と思えるように，自分の人生を振り返り，受容しておくことが大切です。

表 8-8　加齢と配偶者の死の時期の課題

子どもが巣立った後の，中年期後半から老年期の夫婦生活の時期

この時期の課題
　①体力，記憶，気力等の衰えを受け入れつつ，生き方の転換を行う
　②夫婦お互いの存在意義の模索を支え合う
　③夫婦お互いの配偶者像を修正しつつ，理解し合い，支え合う
　④さまざまな喪失を前向きに乗り越えていく
　⑤人生を振り返り，受容する

次世代を育てるのに不可欠な養育性

9.1 養育性とは

9.1.1 養育性を意味する父性・母性，親性

　子どもの虐待や育児放棄のような明白に親としての役割を果たしていない事例だけでなく，やさしい親だと親自身も勘違いしながら子どもの自立の足を引っ張るような不適切な子育てをしている事例をみても，子どもが健全に発達していくのを促すような子育てとはどのようなものであるかをきちんと示す必要性を感じます。そこで，子どもの健全な発達を促す子育てができる親が備えている心理的特性を養育性と呼ぶことにします。

　人間の生涯を8つの発達段階に分ける心理・社会的発達段階論を提唱したエリクソン（1959）は，成人期に発達させるべき性質として生殖性をあげています。それは，世代性とか次世代育成性などと言い換えられることもあります。親性という用語を用いる藤澤たち（2021）は，親性を「子の生存可能性を高めるための適切な行動に関与する養育者（親）としての心理的特性」と定義しています。いずれも次世代を産み育てることを意味しているので，ここでは養育性としておきます（図9-1）。

　子どもを育てる際には，まだ未熟で非力な子どもを保護する必要があります。そこで，やさしく包み込み保護する心の機能が親に求められます。しかし，それだけでは十分ではありません。やがて親の保護下を脱し，社会に出ていってもらわないといけないので，現実の厳しさに耐え，社会の荒波を乗り越えていけるように鍛えてあげる心の機能も親に求められます。このように，子どもの健全な発達のためには，やさしく保護してあげる親心と厳しく鍛えてあげる親心が共に必要となります（図9-1）。前者を母性，後者を父性というのが一般的でしたが，母性を母親，父性を父親と結びつけるのを避けるため，親性，養護性，育児性，養育性などという用語が用いられることがあります。佐々木たち（2011）は，親性は本能だけではなく学び育まれるものであるとしていますが，本能で子育てをする動物と違って，人間の子育てには多様性があり歪みも大きいのも親自身の成育歴の中での学習の影響が大きいと考えられます。それと同時に，学習される側面があるということは，子どもを産む前の準備として

次世代を産み育てる心

生殖性，世代性，次世代育成性，親性，養護性，育児性，養育性

養育性の2つの側面

やさしく保護してあげる親心（母性）
厳しく鍛えてあげる親心（父性）

図 9-1　子育てに必要な養育性の2つの側面

適切な養育性を習得することが可能であり，不適切な子育てをしている親でも学び直すことが可能であるということになります。

9.1.2 親になることによる心の発達

　子どもを育てたことのある人の多くは，親になることで自分は人間的に成長することができたと言います（柏木・若松，1994；牧野・中原，1990；大日向，1988；氏家，1999）。子どもは親の保護的な世話なしには生きていけないので，親の都合に関係なく泣いて要求を伝えてきたりするため，どうしても子ども中心の生活にせざるを得ません。子育てには忍耐が必要だといわれるのも，子どもはなかなか親の思うようにコントロールできないからです。そうした子育てをすることで，多くの親は自分が成長したと感じています。では，具体的にどのような成長を遂げているのでしょうか。

　柏木・若松（1994）は，就学前の幼児をもつ父親と母親を対象に，親となることによる人格発達についての調査研究を実施しています。その結果，父親も母親も，柔軟さ，自己抑制，運命・信仰・伝統の受容，視野の広がり，生き甲斐・存在感，自己の強さという6因子のすべてにおいて，親になることで自分が成長したと感じていました（表9-1）。つまり，親になることによって，考え方が柔軟になったり，自分の欲求や感情を抑制できるようになったり，運命を受け入れるようになったり，視野が広がったり，自分の存在感が増したり，自分の考えをしっかりもつようになったりしたと感じていました。また，いずれの因子においても母親のほうが父親よりも大幅に成長したと感じていることがわかりました。さらに，育児への感情については，育児への肯定感では父親と母親で差はなかったものの，育児による制約感は母親のほうが強く感じていました。これには父親の子育て参加が必要との認識は人々の間に浸透してはいるものの，実際には父親の子育てへの参加度はまだまだ低いということが関係していると考えられます。

　博報堂生活総合研究所（2018）が行った調査「家族30年変化」では，「夫も育児を分担するほうがよいと思う」と答えた父親は88.9％で，10年ごとの推移をみても過去最高となっています（1988年45.8％，1998年66.3％，2008年

表 9-1　親になることによる成長・発達の 6 因子の項目例
（柏木・若松，1994 より）

〈柔軟さ〉
- 角がとれて丸くなった
- 他人に対して寛大になった

〈自己抑制〉
- 自分のほしいものなどが我慢できるようになった
- 他人の立場や気持ちをくみとるようになった

〈運命・信仰・伝統の受容〉
- 物事を運命だと受け入れるようになった
- 常識やしきたりを考えるようになった

〈視野の広がり〉
- 日本や世界の将来について関心が増した
- 環境問題（大気汚染・食品公害など）に関心が増した

〈生き甲斐・存在感〉
- 生きている張りが増した
- 自分がなくてはならない存在だと思うようになった

〈自己の強さ〉
- 物事に積極的になった
- 目的に向かって頑張れるようになった

83.5％)．それにもかかわらず，「取るだけ育休」という言葉もあるように，父親の子育て参加に多くの母親が不満をもっています．父親は子育てに参加しなければといった意識はあるものの行動が伴わない，あるいは父親の行動と母親の要求との間にズレがあるということだとすると，父親としての成長がまだまだ足りないと考えられます．

子育て文化にみる日本社会の特徴と現状

9.2.1 欧米の親子と日本の親子の心理的距離

　日米の母子のかかわり方を比較検討したコーディルとプラース（1966）は，アメリカの母親のほうが赤ん坊への働きかけが積極的で，話しかけも多いことを見出しています．それに対して，日本の母親は，赤ん坊を抱いたり，静かにあやしたり揺すったりすることが多く，アメリカの母親のように盛んに話しかけたりしません．赤ん坊が眠ると，アメリカの母親は別の部屋に行くことが多いのに対して，日本の母親は赤ん坊が眠っていてもおんぶしたり，抱っこしたりし続けることが多いというように，母子のかかわり方には大きな違いがみられました．さらに，親子別室のアメリカでは，夜間は赤ん坊の部屋のドアと両親の部屋のドアをそれぞれ少しずつ開けておき，赤ん坊の泣き声が聞こえるようにしておくのが一般的です．どんなに赤ん坊のことが心配であっても，あくまでも別室にこだわるほど，親は子どもとの間にしっかりと距離を保とうとします．

　我妻・原（1974）は，日米の比較調査の結果をもとに，アメリカの親の子に対する「働きかけ」と日本の親子の「一体感」をコラム9-1のように対比しています．

9.2.2 日米の母親のしつけ方略の違い

　東・柏木（1980）は，日米母子研究の中で，子どもが3歳半のときの母親のしつけ方略の調査を行っています．子どもが良くない行動をしている場面を設定し，自分の子どもが今そのようなことをしているとしたら，何と言うかを答

コラム9-1　母親と乳児の言語的コミュニケーションと一体感

　「アメリカの母親には，自分と乳児との間に，はやくから身体的距離を作りだし（つまり，母と子が身体的にはなればなれになり），その距離を，乳児に盛んに話しかけること（言語的コミュニケーション）や，体の位置や格好をなおすことなどの積極的な「働きかけ」によって，橋わたしをする傾向がある。これに対して，日本の母親は，乳児との身体的接触を長く継続し，乳児との「一体感」を保つ傾向が強い。母親と乳児との一体感があればこそ，アメリカでのように，母親が乳児に話しかけたり，働きかけたりする必要がないのだともいえるかも知れない。」

（我妻　洋・原　ひろ子『しつけ』光文堂）

表9-2　母親が子どもを説得するのに持ち出す根拠の4類型
（東，1994より作成）

親としての権威……ただ食べなさいと繰り返したり，「食べないとダメでしょ」「言うことを聞きなさい」と言うなど，親の命令だから従いなさいというニュアンスのもの

規則……「残さないでちゃんと食べることになってるでしょ」「積み木は投げるものじゃないでしょ」などと決まり事をもちだすもの

気持ち……「せっかくつくったのにお母さん，悲しいな」「ぶつけられたお友だちは痛いでしょ，○○ちゃんがやられたらどう思う？」などと相手の気持ちを想像させるもの

結果……「ちゃんと食べないと大きくなれないよ」「野菜を食べないと病気になって遊べなくなるよ」などと，言うことを聞かなかった場合に生じる好ましくない結果を持ち出すもの

えさせるものです。たとえば，「夕食に出された野菜を嫌いだといって食べようとしない」「薬を飲もうとしない」「スーパーマーケットで駆け回り他の買い物客の迷惑になっている」「友だちに積み木をぶつけている」などの場面が設定されました。ふだんやっているように答えることを求められた母親たちは，きわめて臨場感のある反応を示しました。その際に，母親が説得するのに持ち出す根拠を，「親としての権威」「規則」「気持ち」「結果」の4つに分類しました（表9-2）。

　この4つのカテゴリーを用いて母親の反応を分類したところ，日本の母親とアメリカの母親ではきわめて対照的な反応を示すことがわかりました。アメリカの母親は，「ぐずぐず言わずに食べなさい」などと「親としての権威」に訴えて，理由はわからなくてもとにかく親の言うようにやらせようという反応が50％と圧倒的に多かったのですが，日本では「親としての権威」に訴える反応はわずか18％にすぎませんでした。日本の母親では，言うことを聞かないとどういう望ましくない結果になるかをわからせようとする，いわば「結果」に目を向けさせようとする反応が37％と最も多く，それに次いで相手の「気持ち」に目を向けさせる反応が22％となっていました（表9-3）。こうしてみると，日本とアメリカではまったく対照的なしつけが行われていることがわかります。子どものしつけにおいて，アメリカでは「とにかくこうしなさい」と親としての権威を振りかざして言うことをきかせるしつけ方略が主としてとられています。それに対して，日本の母親は，「食べないと大きくなれないよ」と暗示的な言い方をしたり，「ぶつけられたお友だちは痛いでしょ」と相手の気持ちに目を向けさせるしつけ方略をとることが多く，「こうしなさい」などと命令的な言い方をすることは少ないことがわかります。

　子ども時代にアメリカで暮らした日本人社会学者は，アメリカ人の権威的な物言いのきつさについて違和感を覚えた体験をコラム9-2のように記しています。ここで注目すべきは，アメリカの母親は「自分の権威」を中心に動いているのに対して，日本の母親は「子どもの気持ち」を中心に動いていることです。子どもが生まれると，夫婦がお互いに「お父さん」「お母さん」と呼び合うようになるのも，子どもの立場から物事を見ようという姿勢のあらわれとい

9.2 子育て文化にみる日本社会の特徴と現状

表 9-3　子どもに言うことを聞かせるための根拠——日米比較（東，1994）

根　　拠	日本（%）	アメリカ（%）
親としての権威	18	50
規則	15	16
気持ち	22	7
結果	37	23
その他	8	4

コラム9-2　権威で子どもをしつけるアメリカの親

　「ある春の日，6歳の私は，母とシンディーという女性に連れられてドライブに出かけた。母が運転し，隣にシンディーが座り，私は後部座席で窓ごしに外の新緑を眺めていた。突然，新緑の薫りを胸一杯吸いたくなった私は，窓を降ろしはじめた。その時，顔を半分私のほうに向けながら，いかにも権威を持った口調でシンディーが，『いたずらは止めなさい！』と怒鳴ったのである。そこには，自分の命令を聞かないなどとは言わせない，という威嚇的な雰囲気があった」

　　　　　（恒吉僚子『人間形成の日米比較——かくれたカリキュラム』）

　外気を入れようとしただけなのに，いたずらときめつけて怒鳴られた。自分の親からは，こんな理不尽な叱られ方はしないから，反論しようとする。

　「その言葉を遮って，シンディーはさらに厳しく，『言う通りにしなさい！』と有無を言わせない口調で申しわたしただけであった。会話はここで終わった。シンディーにとっては，ここで一件落着したのであろう。だが，私にとっては腑に落ちない。にもかかわらず，シンディーの指示に従わないわけにはいかない。なぜか？それは彼女が大人だからである。したがって，私としては力の差を見せつけられた形で引き下がることになったのである。
（中略）

　これが，もしわが家の出来事であったならば，どうなったか。おそらくは，「他の人が寒いでしょ……」などと言われ，〈自分のせいで誰かに風邪でもひかせたら大変だ〉などと慌てて窓を閉めたに違いない」（同書）

　　　　　（榎本博明『ほめると子どもはダメになる』新潮新書）

えます。アメリカでの体験を記した恒吉は，自分が大人であるという権威にしつけの拠り所を求めるアメリカ流のやり方を権威型叱責法，子どもの感情や罪悪感に訴えることで行動を変えさせようとする日本流のやり方を感情型叱責法として，両者を対比させています。ただし，感情型というと感情に任せて怒るようなニュアンスに誤解される怖れもあるので，日本流の叱り方は，気持ち重視型叱責法とするのが妥当と思われます。

9.2.3 厳しさを発揮しにくい日本の親たち

　幼稚園・保育園から小学校への移行でつまずく児童が非常に多く小１プロブレムと呼ばれたり，小学生の暴力事件が増加傾向にあったり，不登校が増え続けたりと，子どもの社会性の発達における問題が顕著になっています。その背景として，家庭におけるしつけが不十分であることなどが指摘されています。それには，前項で確認したように欧米のような親の厳しさのない育て方に特徴がある日本で，欧米式のほめ方が導入されたことが関係していると考えられます（榎本，2015）。

　松本（1984）が指摘するように，日本神話からして母性原理が強調されているくらいなので，日本の社会では伝統的に母性が溢れ，ともすると子どもを甘やかしがちでした。子育て論議が盛んだった江戸時代の子育て書をみても，親の甘やかしを戒める記述が目立ち，親たちがきわめて子どもに甘かったことが窺われます。

　ところが，先に指摘したように，心理的に子どもとの距離が近く甘すぎるにもかかわらず，ほめて育てるという風潮が広まったため，子どもたちはレジリエンスが鍛えられず，ストレス耐性が低下しているように思われます。こうした現代の厳しさの欠如を物足りなく思っている若者も出てきています（コラム9-3）。

コラム 9-3　「なぜ先生は叱ってくれないの？」という中学生の訴え

　「授業中，クラスメートが騒いでいた。先生がなだめるように言った。『ほら，おしゃべりはやめようね！』

　まるで小学校低学年への対応のようだと私は思った。もちろん騒いでいた生徒が一番悪いのだが，それをしっかり叱らない先生にも問題があるのではないかと思う。

　先生だって人間だから，叱りたくないのはわかる。生徒に良い印象を持たれたい気持ちもあるだろう。（中略）

　でも，私はそういう先生が嫌いだ。多少やりすぎと言われても，生徒を第一に考え，本気で怒り，叱ってほしい。

　私の両親の子ども時代，悪いことをすれば立たされ，竹定規でたたかれたと聞く。でも両親は感謝しているという。いつから先生は本気で叱らなくなったのだろう。（中略）

　先生，私たちを本気で叱って下さい。」

　大人たちがなぜきちんと叱らなくなったのか。そこに潜む利己的な思いを子どもたちはしっかり見抜いている。生徒のためではなく，自分かわいさゆえに叱らなくなったのである。生徒の気持ちを傷つけ，反発されることを恐れて，あるいは面倒くさがって，叱らないのである。

　この投稿に対してコメントを求められ，私のコメントと共にこの投稿が再掲載された。私が取材時に話した内容の要旨は，つぎのような形で掲載された。

　「『ほめて育てる』が人気で，叱るのは不人気な時代。叱るにはエネルギーが要るし，嫌われるかもしれない。良い人と思われたいのが人情。先生なら保護者や管理職の目も気になる。事なかれ主義になりがちです。

　『心が折れる』という言葉がありますが，子どもの心は柔軟で，叱られても簡単に折れない。むしろ，叱られた経験がない子は打たれ弱く，傷つきやすくなり，きつい状況で頑張れない。そこに若者の生きづらさがあります。

　『遅刻を叱られたからバイトをやめた』という学生さえいますが，これでは社会に出てから困ります。そうした若者が教師や親になり，『叱らない』教育が続く悪循環は避けたい。

　大人は憎まれ役を買って出て叱るべきです。」（朝日新聞 2026 年 9 月 28 日付朝刊）

　この中学生は叱らない教師に対して「もっと叱って」と要求しているが，これは両親に対してもそのままあてはまることと言える。

（榎本博明『「やさしさ」過剰社会』PHP 新書）

9.3 母子密着と愛着障害

9.3.1 母子密着

　近年，母親と娘の心理的距離の近さが目立つようになり，一卵性母娘などといわれることもあります。その理由として，子の経済的自立の遅延に伴い母親に依存する心理と，長男相続制の崩壊により母親が将来の世話役割を娘に期待する心理が合致することが指摘され，そのために母と娘は互いの距離を縮めているのだといいます（柏木・永久，1999；水本，2018；水本・山根，2010）。

　柏木（2001b）は，かつては母親が息子にいつまでも過保護・過干渉し，それに息子も甘んじている「冬彦さん」現象が話題になったが，母親の関心がしだいに娘に移ったとし，それは男の子より女の子のほうが老後の精神的支えになり，娘のほうが価値ありとの長期的な予測の結果であると分析しています。ただし，これは娘をもつすべての母親にみられる傾向ではなく，夫との関係が希薄な母親が娘と強い関係をもつようになるとしています。さらに，一人では物事が決められない自立的な行動力が乏しいことも，娘と一卵性双生児のようになる母親にみられる特徴だとしています。

　母親と娘との心理的距離が近年縮まっていることは，データでも示されていますが，明治安田生活福祉研究所（2017）『親子白書』をみると，娘と母親だけでなく，性別にかかわらず子どもと親の心理的距離が近くなっていることが窺われます。たとえば，「母親との外出に抵抗がない」という娘の比率が92.9％と突出していますが，子どもと同年齢の頃に「父親との外出に抵抗がなかった」という父親が49.5％，「母親との外出に抵抗がなかった」という父親が54.2％であったのが，「父親との外出に抵抗がない」という息子が63.8％，「母親との外出に抵抗がない」という息子が71.8％というように，「抵抗がない」という男性の比率が対父親・対母親共に15ポイント前後高まっています（図9-2）。ただし，不満や悩み事の相談相手に関しては，子どもと同年齢の頃に「主な相談相手は母親だった」という母親が11.8％であったのに対して，「主な相談相手は母親である」という娘は28.5％というように，主に母親に相談するという女性の比率が2.5倍近くに跳ね上がっており，母と娘の心理的距

9.3 母子密着と愛着障害

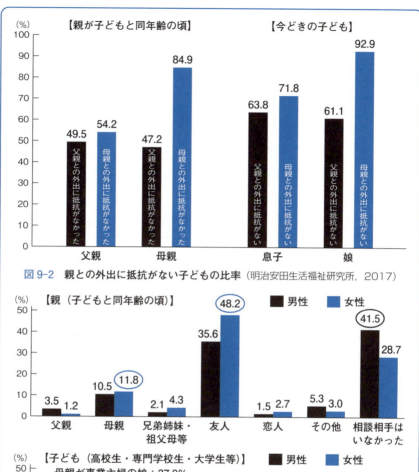

図 9-2 親との外出に抵抗がない子どもの比率（明治安田生活福祉研究所, 2017）

注：親は, 高校生・専門学校生・大学生等の子を持つ親
図 9-3 不満や悩み事の主な相談相手（明治安田生活福祉研究所, 2017）

166　　第 9 章　次世代を育てるのに不可欠な養育性

離が近くなっていることを端的に示しています（図 9-3）。

9.3.2　母が重たい

　7.2 節の親離れ・子離れのところでも指摘しましたが，子どもの自立のためには，母親と適度な距離を保つ必要があります。たとえば，水本（2016）は，母親との心理的距離が近い場合に，娘に自立をめぐる葛藤が生じることを報告しています。水本・山根（2010）は，母親からの分離が自律性やアイデンティティ確立につながることを示唆する結果を得ています。表 9-4 は，母親からの分離の程度を測定する心理尺度です。母親からの分離ができていないと自己の確立が妨げられることになりますが，極端な場合は，母親との距離が近いことから，母親の支配性や依存性のために神経症的な症状や身体症状を示すなど，心理的適応上の問題が生じることが報告されています（信田，1997，2008；高木，2008；斎藤，2008；高橋・生島，2017）。

　母が重たくて耐え難いという心の悲鳴をあげる女性たちは，母親から向けられる過剰な期待の重圧のために自分の思うように生きることができません（信田，2008）。母親に心理的に支配され，親離れして自立することに罪悪感を抱かされ，母親のもとから離脱し自立していく芽を摘まれてしまいます。このような女性たちの母親は，娘を自分の持ち物であるかのようにみなし，自分の願望を押しつけ，娘が自立したり母子が対等な関係になったりすることを毛頭も考えていません。そこで柏木（2013）は，「子どもと自分との違い，別個の独立した個人であることを認める，子どもの力を信じる，その上で子どものありのままを認め，子どもに決定を任せる——この子どもを認め距離をもつこと，これは親の発達期待です。この不全が娘を病的な心理に陥らせているのです。一卵性双生児母娘の中には，母親の子からの自立不全，娘の親からの自立不全が少なくありません」としています。

　母が重たくて苦しんでいる何人もの娘たちに出会ってきたという高木（2008）は，手を洗うことをやめられず，また鍵をかけたかどうかを何回も確認せずにはいられず，そんな自分が変だと思い，カウンセリングにやってきた 21 歳の女性の事例を紹介しています（コラム 9-4）。ただし，症状に悩む場合

表 9-4 **母子関係における精神的自立尺度のうちの「母親からの心理的分離」因子の項目**（水本・山根，2010 より抽出）

- 私には，母親とは異なる独立した考えがあると思う
- 私の人生は母親の人生とは別の独自のものである
- 私と母親とは，互いに独立した関係だ
- 母親のことを一人の人間として客観的に見ている
- 母親の考えや期待にとらわれず，自分の信じたとおりに行動する

コラム9-4 母が重たくて苦しい娘の事例

　カウンセリングはKさんの「母からの独立戦争」のお手伝いでした。自分を殺して，まわりとの調和を大切にするKさんにとって，母親への不満や怒りが出るまでにかなり時間がかかりました。やっと母親に支配されていたと自覚するようになってからも，母親に怒りや不満を抱くなんてひどいと自分を責め，葛藤は続きました。まさに，独立前の内紛状態です。母親に対して怒りながらも，母の日や母親の誕生日には必ず贈り物をするKさんでもありました。

　Kさんの母親とも何度か面接をしました。（中略）子どもの小さい頃から家庭に不在がちだった夫に頼ることなく，夫の親との同居で気を遣い，介護となれば自分の時間を全て介護に充てて頑張ってきました。そんな中，娘はごく自然に母親の愚痴の聞き役となり，母親の理解者としての位置をとっていったのでしょう。

　Kさんは今，一人暮らしをして母親との程よい距離を保ち，強迫症状と折り合いをつけながら，OLとして自立し，自信を回復しつつあるところです。

（高木紀子「母における娘への思い」柏木惠子（監修）『発達家族心理学を拓く』ナカニシヤ出版，所収）

は本人も自覚せざるを得ないでしょうが，とくに日常生活に障害のある症状がみられない場合は，本人の自覚がなく親からの自立ができないままに大人になっていくということにもなりかねません。

親子関係における役割逆転

9.4.1　親子の役割逆転とは

　子どもの虐待が大きな社会問題になっていますが，虐待に関連して注目されるようになったのが親子関係における役割逆転現象です。ただし，これはあからさまな虐待だけでなく，一見平穏な家族においても，密かに子どもが苦しんでいるといった形でみられる現象でもあります。

　親子関係における役割逆転とは，本来親が子どもに対して果たすべき保護的な役割を果たさず，逆に子どもが親に対して保護的な役割を果たすのを強いられることを指します。クラークたち（2007）は，親子の役割逆転に関して，子どもが親の世話をし，親は自分の責任をほとんど無視すること，と定義づけています。世話をするというと家事のような実務を連想するかもしれませんが，よくあるのは，親が子どもを情緒的にサポートすべきなのにそれをせず，むしろ逆に子どもが親を情緒的にサポートする，といった形の親子の役割逆転です。役割逆転においては，親が子に甘え，子は親に甘えることができないため，子どもはのびのびと子どもらしく育つことができず，親にとって手のかからない良い子として生きることを強いられるため，同年齢の子と比べて大人びている擬似成熟を示しがちです（加藤，1998，2017；棚瀬，2008；山田たち，2015）。

　山田たち（2015）は，親子関係の逆転現象の特徴として，親が子どもに情緒的サポートを与えない，子どもが親に対して情緒的サポートを与える，親は子どもに過剰な期待を課す，親は子どもに対して屈折的な甘えを呈する，という4つをあげています（表 9-5）。そして，それをもとに役割逆転尺度を作成しています（表 9-6）。

　このような役割逆転によって子どもに心理的に依存している親は，子どもの立場や気持ちを想像することがなく，役割逆転を認めようとしません（ヘル

9.4 親子関係における役割逆転

表9-5 役割逆転親子の特徴（山田たち，2015）

①親が子どもに情緒的サポートを与えない
②子どもが親に対して情緒的サポートを与える
③親は子どもに過剰な期待を課す
④親は子どもに対して屈折的な甘えを呈する

表9-6 役割逆転尺度の4因子の項目例（山田たち，2015より）

〈親の過期待〉
• 母親からの期待は私にとって負担になることがある
• 母親からかけられている期待が私にとってはプレッシャーに感じてしまうことがある

〈親の屈折的甘え〉
• 私が親の好意に応えてあげないと，母親はすねてしまうときがある
• 私が母親を歓迎的に受け入れてあげないと，母親は不機嫌になることがある

〈親から子へのサポート放棄〉
• 私にとって母親は自分のよき理解者である（逆転項目＝理解者でない）
• 私が不安なとき，母親は私が安心するようなことばをかけてくれる（逆転項目＝かけてくれない）

〈子どもによる情緒的サポート〉
• 母親を不安にさせたり不快にさせることなどとんでもないことなので，多少の無理をしてでも母親を安心させようと努めている
• 母親を傷つけないように気をつかう

ファたち，1997）。それどころか，自分は子どものためを思っていると思い込み，自身の子どもに対する姿勢を反省することがありません。そのような親のもとで育つ子どもは，子どもらしく生きることができず，非常にストレスの多い日常を過ごさざるを得ないのです。親子の役割逆転と子どものメンタルヘルスの関係を検討した山田（2022）も，役割逆転と精神的健康度や自尊感情の間に負の相関を，心理的ストレス反応との間に正の相関を見出しています。

9.4.2　自己愛家族

ドナルドソン＝プレスマンとプレスマン（1994）は，親側の要求が子どもの要求より優先される家族を自己愛家族と名づけました。自己愛家族においては，親が子どもの要求に応じるよりも，子どもが親の要求に合わせています。健全な家族では親は子どもの感情に関心を示しますが，自己愛家族では親は子どもの感情に関心を示さず，子どもは親の反応によって自分の感情を無視するように仕向けられます。こうして自己愛家族の子どもは，自分自身の要求を意識せず，親の要求に応じるようになっていきます。

これは，まさに親子関係における役割逆転の事例といえます。子どもは親の要求を満たす役割を負わされ，それによって信頼や安全という子どもにとって大切な要求が満たされず，子どもとして本来必要な体験や成長の機会を奪われます。その結果，自分自身の感情や判断への信頼を心の中に育てることができず，自分の気持ちに従って行動するより，他人が何を期待しているかに反応して行動するようになります。親子関係の中で，自分だけでなく他人も信頼しないことを学ぶため，人と信頼関係を築くのが難しく，大人になってからも親密な関係を築くのに苦労します。

このような自己愛家族のはらむ問題からすれば，できるだけ早く自分の家族の歪みに気づき，そこから脱する必要がありますが，まだ自立の年齢に達していない子どもの場合は，親から見捨てられたら生きていけないということもあり，見捨てられ不安によって現実を直視することができません。したがって，周囲の大人がその問題性に気づき，相談機関につなげることも必要となります。

児童虐待

10.1 児童虐待とは

10.1.1 児童虐待の定義

児童虐待という言葉は広く社会に浸透してきましたが，どのような行為がそれに該当するかを正確に把握していない人も少なくないようです。そこで，まずはじめに児童虐待の定義を確認しておきましょう。

子どもの虐待事例が報道され，虐待に関する相談件数が増加してきたことを背景として，1983年から1984年にかけて児童虐待調査研究会が全国の児童相談所における児童虐待の実態を調べた「全国児童相談所における家族内児童虐待調査」が日本で最初の児童虐待に関する調査とされています（滝野, 1999）。そこでは，児童虐待は身体的虐待，保護の怠慢ないし拒否，性的虐待，心理的虐待の4つに分類されています。その結果，1983年4月から1年間に416件の児童虐待が報告され，内訳は身体的虐待223件，保護の怠慢ないし拒否111件，性的虐待46件，心理的虐待34件，その他2件となっています。

ここでいう身体的虐待は，外傷が残るような暴行や生命に危険のあるような暴行を指します。保護の怠慢ないし拒否は，衣食住や衛生面に支障があるような保護の怠慢や放棄等を指します。性的虐待は，性的な暴行や撮影など性的興味の対象とすることを指します。心理的虐待は，暴言や拒絶的な態度など心理的外傷を与えるような行為を指します。このような調査の積み重ねの結果，2000年に児童虐待防止法が成立し，その後数度にわたる改正が行われていますが，そこでは児童虐待は表10-1のように定義されています。

10.1.2 児童虐待対策の文化的背景

アメリカでは，1962年にケンプたちが論文「殴られる子症候群」を発表して以来，1960年代のうちにすべての州で児童虐待と児童遺棄を報告するように義務づけた法律が制定され，児童虐待に対処する第一歩が踏み出されました。それに比べて日本の児童虐待への対応は遅れているといわれますが，そこには文化的背景の違いが関係しています。

アメリカではじめて家庭内における暴力に関する大規模調査を実施したスト

表 10-1　児童虐待の定義（児童虐待防止法より）

第二条　この法律において，「児童虐待」とは，保護者（親権を行う者，未成
年後見人その他の者で，児童を現に監護するものをいう。以下同じ。）がその
監護する児童（十八歳に満たない者をいう。以下同じ。）について行う次に掲
げる行為をいう。

一　児童の身体に外傷が生じ，又は生じるおそれのある暴行を加えること。

二　児童にわいせつな行為をすること又は児童をしてわいせつな行為をさせる
　　こと。

三　児童の心身の正常な発達を妨げるような著しい減食又は長時間の放置，保
　　護者以外の同居人による前二号又は次号に掲げる行為と同様の行為の放置そ
　　の他の保護者としての監護を著しく怠ること。

四　児童に対する著しい暴言又は著しく拒絶的な対応，児童が同居する家庭に
　　おける配偶者に対する暴力（配偶者（婚姻の届出をしていないが，事実上婚
　　姻関係と同様の事情にある者を含む。）の身体に対する不法な攻撃であって
　　生命又は身体に危害を及ぼすもの及びこれに準ずる心身に有害な影響を及ぼ
　　す言動をいう。）その他の児童に著しい心理的外傷を与える言動を行うこと。

ロースたち（1980）は，すべての子どもは原罪によって生まれながらに堕落しており，両親による救済を必要としているというのが宗教上の教えであったため，アメリカ人は歴史上ずっと子どもたちに対して肉体的にも精神的にも残酷であったし，1968 年の 5 歳以下の子どもの死因をみると，両親から負わされた怪我によるもののほうが，結核，百日咳，ポリオ，はしか，糖尿病，リューマチ熱，腹膜炎を併発した盲腸炎よりも多いとしています。実際，ストロースたちは，1976 年 1 月から 4 月にかけて過去 12 カ月間の暴力についての調査を行ったので，そのデータは 1975 年の実態を反映したものとなっています。その結果をみると，アメリカの親の驚くべき暴力性が窺われます。たとえば，過去 1 年間に約 3% の親が子どもを蹴ったり，噛んだり，パンチしたりしており，これまでの年月でいうと 8% の親が子どもに対してその種の暴力を振るっていました。さらに，1% を超える親が過去 1 年間に子どもを叩きのめしています。これは蹴る，噛みつく，パンチを繰り出すという行為より重いものを指しています。また，過去 1 年間に 1% の親が子どもをナイフや銃で脅しており，これまでの年月でいうと 3% の親が子どもをナイフや銃で脅しています。

　このように親による児童虐待があまりにひどいために，アメリカでは日本より児童虐待保護の法的対策がとられるのが早かったとみられます。日本の場合は，アメリカと比べて親が暴力的でなかったために，法的保護の対策が遅くなったと考えられます。

　たとえば，イエズス会の宣教師として 16 世紀半ばに来日し，各地を回って日本に長く滞在し，日本に関する数多くの報告書を書き残したポルトガル人のフロイス（1585）は，「われわれの間では普通鞭で打って息子を懲罰する。日本ではそういうことは滅多におこなわれない。ただ［言葉？］によって譴責するだけである」とし，子どものしつけに関する日欧の文化的慣習を対比させています。その頃の西欧の子どものしつけが，日本とは対照的に，いかに厳しく過酷であったかは，16 世紀の終わりに刊行されたフランスの哲学者モンテーニュの手記からも窺い知ることができます（コラム 10-1）。

　それとは対照的に日本の子どもたちは穏やかな境遇で育っていたようです。19 世紀半ばの幕末に来日し，日本に開国を促すアメリカの全権使節ハリスの

コラム 10-1　16世紀におけるフランスの学校の児童虐待的な過酷さ

「学校では子供たちを学問へ誘うかわりに，実際には，恐怖と残酷を与えるだけです。（中略）いまのままでは，本当に，青春を閉じ込めておく牢屋です。（中略）授業時間中に学校に行ってごらんなさい。罰を受けている子供たちの泣き叫ぶ声と，怒りにのぼせた教師たちのわめき声しか聞こえませんから。か弱い，おどおどした子供たちの心に，授業への意欲を呼びさまそうと，あんなにこわい顔をして，手に鞭を持って，彼らを引っ張ってゆこうとするとは何というやり方でしょう。（中略）もしも彼らの教室に，血のにじんだ柳の小枝［鞭］のかわりに，花や木の葉を撒き散らしてあったら，どんなにかふさわしいことでしょう。」

（モンテーニュ　原　二郎（訳）『エセー（1）』岩波文庫）

コラム 10-2　日本の子どもたちの環境が西欧化することへの危惧

「いまや私がいとしさを覚えはじめている国よ，この進歩はほんとうに進歩なのか？

この文明はほんとうにお前のための文明なのか？　この国の人々の質樸な習俗とともに，その飾りけのなさを私は賛美する。」

「この国土のゆたかさを見，いたるところに満ちている子供たちの愉しい笑声を聞き，そしてどこにも悲惨なものを見いだすことができなかった私には，おお，神よ，この幸福な情景がいまや終りを迎えようとしており，西洋の人々が彼らの重大な悪徳をもちこもうとしているように思われてならないのである。」

（ヒュースケン　青木枝朗（訳）『ヒュースケン　日本日記　1855-1861』岩波文庫）

通訳兼書記を務めたヒュースケンは，4年半ほどの滞在の間に日記を記しています。そこからは日本の子どもたちが幸せな日々を送っており，その幸福な子どもたちの世界がヨーロッパ文化の影響によって変貌してしまうことを深刻に危惧している様子が伝わってきます（コラム10-2）。初代イギリス駐日公使のオールコックも，日本の子どもたちがイギリスの子どもたちよりも幸せな境遇にあるとみなしています。そして，イギリスでは近代教育のために子どもたちから奪われつつある一つの美点を，日本の子どもたちはもっているとし，それは日本の子どもたちは，自然の子であり，その年齢にふさわしい娯楽を十分に楽しみ，大人ぶることなく子どもらしく過ごしていることだと言います。

翻って，江戸時代に日本人によって記された手記をみても，日本では西欧のような体罰を用いた過酷な子育ては行われていなかったことがわかります。江戸時代の子育て書をみると，子どもに対して甘くなりすぎる親を戒めるものが多いのですが，厳しく育てるべしとするものでさえも体罰を否定しています。

イギリス人のバード（1885）の記述によれば，そのような日本の穏やかな子育ては明治時代になっても受け継がれており，またヨーロッパにおける過酷な子育ても相変わらずだったことが窺えます（コラム10-3）。

こうしてみると，日本で児童虐待への法的対処がアメリカなどと比べて遅くなったのは，けっして子どもをないがしろにしたためではなく，その要請が欧米ほど深刻化していなかったためといえそうです。

10.2　児童虐待の動向と実態

欧米に比べて程度や頻度が低いにしても，日本でも以前から児童虐待はあったし，このところの子育て環境の変化により児童虐待が増加しているということがあります。では，現在はどのような状況にあるのでしょうか。

児童相談所における年間の虐待相談対応の件数の推移は，図10-1のようになります。これをみると，虐待に関する相談は，この30年間一貫して増加し続けていることがわかります。1999（平成11）年あたりから増え方が大きくなり，2010（平成22）年にさらに幅のある増加を示し，その後も増加し続け，

10.2 児童虐待の動向と実態

コラム10-3　穏やかで聞き分けの良い日本の子ども

「私は日本の子供が大好きである。（中略）うるさい子供や聞き分けのない子供を目にしたこともない。（中略）英国人の母親がしている，子供をおだてたり怖がらせたりして無理やりに服従させるということやしつけ方は見かけない。」

（バード　金坂清則（訳）『新訳　日本奥地紀行』東洋文庫）

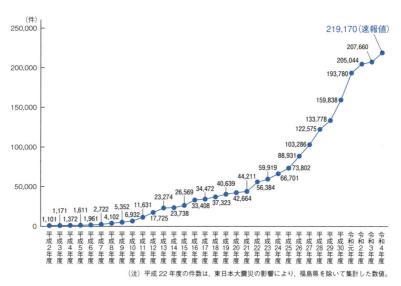

（注）平成22年度の件数は，東日本大震災の影響により，福島県を除いて集計した数値。

図10-1　児童相談所における虐待相談対応件数の年次推移
（こども家庭庁ホームページ）

2018（平成30）年および2019（令和元）年に急激に増え，以後も漸増傾向となっています。その結果，児童相談所における虐待相談の対応件数は，1990（平成2）年に1,101件だったのが2022（令和4）年には21万9,170件というように20倍近くに増えています。こうした児童虐待相談件数の急激な増加には，子育て環境の悪化や親の耐性の低下などにより実際に児童虐待が増えていることに加えて，児童虐待に対する注目や感受性が高まっていることも関係していると考えられます。

　児童虐待とひと口にいっても，その内容はさまざまです。児童相談所における虐待相談の件数を内容ごとに示したのが表10-2です。年次推移をみると，2012（平成24）年には身体的虐待の比率が最も高かったのですが，その後年々減少傾向にあり，ネグレクト（保護の怠慢・拒否）も2011（平成23）年には身体的虐待に次いで比率が高かったのですが年々減少傾向にあり，それらに代わって心理的虐待が一貫して増加傾向にあり，2022（令和4）年には全体の約6割と突出しています。これは，児童虐待に世間の注目が集まることにより，身体的虐待やネグレクトといった目立つ虐待が減り，その代わりに他人にはわかりにくい心理的虐待が増加しているということだと思われます。

　ここで改めて虐待内容について確認しておきましょう。身体的虐待は，殴る，蹴る，叩く，投げ落とす，激しく揺さぶる，やけどを負わせる，溺れさせる，首を絞める，縄とかで拘束する，などを指します。ネグレクトは，家に閉じ込める，食事を与えない，不潔にする，病院に連れて行かない，などを指します。性的虐待は，性的行為を強要する，性的行為を見せる，性器を触る，性器を触らせる，ポルノグラフィの被写体にする，などを指します。心理的虐待は，言葉による脅し，無視，きょうだい間での差別的扱い，子どもの前で配偶者等の家族に暴力を振るう，などを指します。

　児童虐待が公式に認知されたのは，1961年にアメリカの小児科学会においてケンプを座長とした児童虐待についてのシンポジウムが開催されたときであるとされ，その翌年にケンプたち（1962）が提唱した殴られる子症候群が医学用語として定着しました。この症候群の子どもは，表10-3のような特徴をもつとされました。これをみると，不潔や栄養不良など身体健康上の問題があっ

10.2 児童虐待の動向と実態　　179

表 10-2　児童相談所における虐待相談の内容別件数の年次推移
(こども家庭庁ホームページ)

	身体的虐待	ネグレクト	性的虐待	心理的虐待	総数
平成 23 年度	21,942 (36.6%)	18,847 (31.5%)	1,460 (2.4%)	17,670 (29.5%)	59,919 (100.0%)
平成 24 年度	23,579 (35.4%)	19,250 (28.9%)	1,449 (2.2%)	22,423 (33.6%)	66,701 (100.0%)
平成 25 年度	24,245 (32.9%)	19,627 (26.6%)	1,582 (2.1%)	28,348 (38.4%)	73,802 (100.0%)
平成 26 年度	26,181 (29.4%)	22,455 (25.2%)	1,520 (1.7%)	38,775 (43.6%)	88,931 (100.0%)
平成 27 年度	28,621 (27.7%)	24,444 (23.7%)	1,521 (1.5%)	48,700 (47.2%)	103,286 (100.0%)
平成 28 年度	31,925 (26.0%)	25,842 (21.1%)	1,622 (1.3%)	63,186 (51.5%)	122,575 (100.0%)
平成 29 年度	33,223 (24.8%)	26,821 (20.0%)	1,537 (1.1%)	72,197 (54.0%)	133,778 (100.0%)
平成 30 年度	40,238 (25.2%)	29,479 (18.4%)	1,730 (1.1%)	88,391 (55.3%)	159,838 (100.0%)
令和元年度	49,240 (25.4%)	33,345 (17.2%)	2,077 (1.1%)	109,118 (56.3%)	193,780 (100.0%)
令和 2 年度	50,035 (24.4%)	31,430 (15.3%)	2,245 (1.1%)	121,334 (59.2%)	205,044 (100.0%)
令和 3 年度	49,241 (23.7%)	31,448 (15.1%)	2,247 (1.1%)	124,724 (60.1%)	207,660 (100.0%)
令和 4 年度	51,679 (23.6%)	35,556 (16.2%)	2,451 (1.1%)	129,484 (59.1%)	219,170 (100.0%)

※割合は四捨五入のため，100%にならない場合がある。

表 10-3　殴られる子症候群の子どもにみられる特徴 (滝野，1999)

①年齢は 3 歳以下のことが多い。50%以上が 4 歳以下，90%以上が 10 歳以下。

②全般的な健康状態は標準以下。

③親にかまわれない証拠として，不潔，栄養不良で，打撲傷やあざが多い。

④臨床所見と親の述べる既往歴や病歴との間に矛盾が多い。

⑤子どもを入院させると，新しい外傷は発生しない。

⑥硬膜下血腫が存在することが多い。

⑦いろいろの治療過程にある新旧の骨折が多発している。

たり，打撲傷やあざや骨折が多いなど身体上の怪我が目立つなど，あからさま
な暴行を受けたことによる症状ばかりです。それは，殴られる子症候群という
名称からすれば当然ともいえますが，子どもへの虐待は身体的な暴行だけでは
ありません。育児放棄もあれば，無視したり暴言を浴びせたりといった心理的
な虐待もあります。そこで，殴られる子症候群は身体的暴力に限定されすぎて
いるということになり，ケンプにより児童虐待という用語が提唱されました。
それにより，身体的な所見以外に心理的な所見も取り上げられるようになりま
した。それは，表 10-4 のような特徴です（滝野，1999）。

　なお，これらの児童虐待の分類には入っていませんが，第 9 章で取り上げた
親子関係の役割逆転も，一種の心理的虐待とみなすべきではないでしょうか。
本来は子どもは親に保護されることで安心して冒険ができるようになるわけで
すが，親のほうが子どもに甘え，子どもは情緒的に不安定な親を励ましたり，
あるいは心配をかけないためにしっかり者として振る舞ったりするように仕向
けられることで，子どもは気持ちが萎縮し，のびのびと育つことができなくな
ります。その結果，人を信頼することができず，自己肯定感も高まらず，不安
が強いため，子どもらしい自発性や無邪気さがみられません。子どもとしての
人生を奪われているという意味で，一種の心理的虐待といえるでしょう。

10.3　児童虐待の心理的要因

10.3.1　なぜ子どもを虐待してしまうのか

　児童虐待が増加の一途をたどっていることがわかりましたが，なぜ親がわが
子を虐待してしまうのでしょうか。児童虐待を引き起こす要因としては，子育
てに主として携わっている母親の子育てストレスがあげられます。

　子育てストレスが強まってきている背景には，子育てをしている親の孤立し
がちな社会的状況があります。かつては近隣の人が子どもを見守ってくれたり，
子育て中の親に適切なアドバイスをしてくれたりというように，地域社会の子
育て支援がごく自然に行われていました。ところが，都市化の進展に伴い，近
隣関係は希薄化し，地域社会の支援なしに子育てをしなければならない状況に

表 10-4　虐待を受けている子にみられがちな心理的特徴に関する所見
（滝野，1999）

①動作・反応はのろく，一見知恵遅れを思わせることがある。（慢性の愛情欠乏によって，現実に知的発達や運動機能の発達が遅れてしまうこともある。）あるいは逆に反抗的攻撃的で，衝動的に動きまわり落ち着きがない。

②感情はスウィッチ・オフされ，無表情で受けた痛いはずの傷にも無反応のことも多い。このときの子どもが見せる「凍りついた凝視」はしばしば重要な手がかりになる。

③しかし，いつもオドオドして，目の前の相手のちょっとした動作に反射的に手や腕で顔・額などをかばうことも多い。

④年齢に相応した食事や排泄の訓練ができていない。

⑤近隣の店などで盗み，とくに食べ物の盗みを働き，問題を起こすことがある。

⑥保育園や学校などでいじめられっ子か，逆にひどいいじめっ子になっていることがある。

⑦訴える能力があっても，虐待がひどくても，虐待されたことを自分からはまずいわない。加害者である親をあくまでもかばうこともよくみられる。

⑧深い人間不信を抱き，援助者を基本的には信頼していないことが多い。

なってきました。

第6章でみてきたように，幼稚園児の母親を対象として大規模な意識調査を実施した榎本（2006）によれば，「近所に親しく話せる人がいない」という母親が10％，「育児について相談できる人がいない」という母親が17％，「子育てを協力し合える近所づきあいがない」という母親が21％，「近所に世間話をする顔見知りがいない」という母親が13％，というように，地域社会で孤立しながら子育てをしている母親が1～2割もいるのです。比率は低いにしても，この比率を子育て中の母親にあてはめれば非常に多くの母親が孤立状況の中で子育てに取り組んでいることがわかります。また，「子どもが幼稚園にいるときは一人で過ごすことが多い」という母親が24％，「親同士の交流をあまりしていない」という母親が20％，「お互いにサポートできる友人がいない」という母親が17％，「人間関係は煩わしい」という母親が26％，「親同士の人間関係に悩むことがある」という母親が26％，「親同士のグループでの関わり方が難しい」という母親が30％というように，子育てをしている親自身の人間関係力の乏しさも浮かび上がっています（表10-5）。こうした孤立状況の中で子育てストレスが強まることが，児童虐待の発生要因として大きいと考えられます。

児童相談所に持ち込まれた虐待ケースについて分析した加藤（2012）は，主な虐待者である男女4,334人のうち「虐待を認めない」者が52.7％であり，自分が虐待していることを認める親は半数もいないことを報告しています。さらには，自分が虐待していることを認めても援助を求めない親が35.5％いることが示されています。これも社会から孤立して子育てに取り組んでいる親の状況を象徴するものといえます。

繁多（1999）は，このようなコミュニティの崩壊とともに急速に進行した情報化社会も子育てをする親を心理的に追い込んでいるとします。

「まわりの人々と気軽に接触できなくなった親たちは，送り込まれてくるおびただしい量の子育て情報にしがみついた。そして『ああしろ』『こうしろ』という子育て情報に振り回された。子育て情報は『望ましいしつけ像』『望ましい家庭像』『望ましい子ども像』をさかんに各家庭に送り込んだ。その通り

表 10-5 児童虐待を引き起こす要因としての孤立状況での子育て
（榎本，2006）

地域社会で孤立しながら子育てをしている母親

「近所に親しく話せる人がいない」	10%
「育児について相談できる人がいない」	17%
「子育てを協力し合える近所づきあいがない」	21%
「近所に世間話をする顔見知りがいない」	13%

子育てをしている母親自身の人間関係力の乏しさ

「子どもが幼稚園にいるときは一人で過ごすことが多い」	24%
「親同士の交流をあまりしていない」	20%
「お互いにサポートできる友人がいない」	17%
「人間関係は煩わしい」	26%
「親同士の人間関係に悩むことがある」	26%
「親同士のグループでの関わり方が難しい」	30%

にいかないといっては悩み，自信を失い，思うようになってくれない子どもたちを恨むことにもなった。」

「『あなたの子育てはこういうところが少しだめですね』『あなたの子どもにはこういう欠点があるからもう少しがんばらないとだめですね』と常に評価されているように思えてきた。これほどストレスフルな事態はほかにないであろう。（中略）どのように努力しても子どもは思うようにはならない。悪いのは自分ではない，悪いのは子どもなのだ，ということから虐待が始まるということも考えられないことではない。」

　このように子育て情報に振り回されたり，SNS を通じて子育てをうまくやっている親との比較で焦ったり自己嫌悪に陥ったりといった状況は，その後ますます強まっています。

　さらには，配偶者が子育ての支援になるよりもストレスになるような場合に児童虐待につながりやすいということがあります。父親が子育てに参加することで母親の子育てストレスが軽減することは第 6 章で確認しましたが，配偶者が子育てに協力的でない場合，地域社会で孤立しているだけでなく家庭内でも孤立した状況で子育てに取り組むことになり，そのストレスは非常に大きいはずです。それに加えて，夫婦間のコミュニケーションが希薄だったり，夫婦関係が悪かったりすると，ますますストレスのかかる状況で子育てが行われることになります。このような夫婦関係の問題も児童虐待のリスク要因といえます。

10.3.2　子どもを虐待してしまう親の特徴

　子育てストレスが強まっている時代であるにしても，だれもがわが子を虐待するわけではなく，むしろほとんどの親はわが子を虐待したりはしません。では，どのような親がわが子を虐待してしまうのでしょうか。

　滝野（1999）は，子どもを虐待してしまう可能性の高い親の特徴として，表10-6 のような 6 点をあげています。とくに問題となるのは①から③の要因であると思われます。①の家庭内ストレス状況とは，経済面の苦しさや住居の狭さ，家族成員の病気や事故，子どもの受験，夫婦の不和，実家との関係など，さまざまな要因が含まれます。産後うつが子どもへの否定的感情を生みやすい

表 10-6　子どもを虐待してしまう可能性の高い親の特徴（滝野, 1999）

①多くの問題を抱えていて，持続する強い家庭内ストレス状況がある。

②外部との人間関係が希薄で，しばしば孤立している。

③子ども時代に適切な母親的世話を受けていない。

④知的プライドは高いが，体を通した現実の体験学習は非常に貧しい。

⑤教科書的・マニュアル的指示に依存することが多く，全体の状況判断や応用がきかない（わが子に対して，不正確で固定的な知覚・認知のしかたをしている）。

⑥体罰が適切なしつけの手段と信じ込んでいる。

ことから，子どもへの否定的な働きかけにつながりやすいことも示されており（安藤・無藤，2009；カプランたち，1999；リゲッティ-ヴェルテマ，2003），産後うつも家庭内ストレス状況の一種といえます。②の外部との人間関係の希薄化と孤立は，前項で詳しくみてきた通りです。③は親自身が子どもの頃に適切な保護的養育を受けられなかったため，親として子に対して適切な保護の仕方がわからないことを指します。

10.4　虐待不安

　児童虐待に関する報道を目にする機会が増え，児童虐待に対する人々の感受性が高まることで，虐待事例を発見しやすくなることが期待できます。その一方で，子育て中の親が虐待に過敏になりすぎて，子どもに対する自分の態度が虐待に相当するのではないかと不安になったり，ちょっと厳しい言動をとった後で人から虐待とみなされるのではないかと不安になったりといったことが起こっています。このような心理は虐待不安と呼ばれ，このところ虐待不安を訴える母親が増えています（大澤，2005；田中，2010；渡邉，2017）。

　虐待不安は，育児の中で感じられる不安のうち虐待に対する漠然とした不安や恐れを伴う感情と定義され，育児不安の一種とみなされています（庄司，2003）。幼稚園児の母親を対象として大規模な意識調査を実施した榎本（2006）のデータをみても，「子どもの行動を冷静に受け止められない」という者が63％，「思うとおりに子どもが動かずイライラする」という者や「育児ノイローゼになる人の気持ちがよくわかる」という者が55％，「いつもイライラしている」という者が35％となっており，虐待不安に通じる心理に苛まれている母親が非常に多いことが窺われます。

　このような子育て中の母親の心理状況を踏まえて，渡邉（2017）は，虐待不安の様相を明らかにするための面接調査を行っています。その結果，虐待不安は，虐待親への共感的反応，虐待をする親と思われることへの不安，虐待的行動に関する不安の3種類に分類されました。さらに下位分類も含めて表10-7のように具体的なレベルに分類されています。

表 10-7　虐待不安の様相 （渡邉，2017）

虐待親への共感的反応

- 自分の育児と虐待との紙一重感
- 虐待をする気持ちがわかる
- 虐待はひとごとではない

虐待をする親と思われることへの不安

- 加害者と思われることへの不安
- 子どもが虐待と捉えることへの不安

虐待的な行動に関する不安

- 加害者になることへの漠然とした危機感
- 手をあげることへの不安
- 不適切な発言をすることへの不安
- 殺すことへの不安
- 育児放棄への不安
- 自分の感情を制御できないことへの不安
- 適切な育児の仕方がわからないことへの不安
- すでに加害者であることへの不安

こうした虐待不安には，虐待防止効果が期待できると同時に，場合によってはストレスを高めて虐待を促進する効果もあり得るので，子育て中に陥りやすい心理に関する適切な教育的働きかけが不可欠と考えられます。

10.5　児童虐待への対処法

児童虐待に至る親の側の心理的背景要因として，表 10-6 のようなものが指摘されているので，それを踏まえた対処が必要不可欠です。

具体的には，子育てをしている親のストレスを緩和する働きかけがとくに有効です。ストレスコーピングとして，課題解決志向のコーピングと情動発散志向のコーピングがあります。子どもの受験がストレスになっている場合であれば，受験生の親としての心構え等をアドバイスする，夫婦間の不和がストレスになっている場合は夫婦関係改善のための方法について話し合う，などといったものが前者です。ただし，問題を一気に解決するのは難しいことが多いので，とりあえず気になっていることや胸の内のモヤモヤを語ることで気持ちをスッキリさせるため，話を十分に聴いてあげるという形の後者のコーピングがまずは必要といえます。

気になることを相談できる友だちがいない，近所に気軽に話せる相手がいないなど，孤立状況で子育てしている場合も，子どもに対して冷静な対処ができなくなる要因となります。そのような状況を改善するためにも，子育てをしている親同士をつなぐ場を設定するようなサポート体制が求められます。親自身が子どもの頃に適切な保護的養育を受けられなかったため子に対する適切なかかわり方がわからないというようなことも児童虐待のリスク要因といえますが，そこまでの成育歴でなくても，子どもをどう育てたらよいかわからないという親も少なくないので，子育て講座や子育てサークルなど子育てについて学んだり情報交換したり相談したりできる場を設定する必要もあります。

夫婦間暴力

11.1 夫婦間暴力の実態

11.1.1 夫婦間暴力が問題化した歴史的背景

夫婦間暴力とは，夫から妻，あるいは妻から夫への身体的暴力のことです。家庭内暴力というと，日本では一般に子どもによる母親に対する暴力をイメージしがちですが，アメリカでは家庭内暴力といえば夫婦間暴力，とくに夫による妻虐待が，親による児童虐待と並ぶ中心的なテーマとなっています。

このように夫婦間暴力は現代アメリカにおける深刻な社会問題となっていますが，こうした行為そのものはけっして最近になって増大したというわけではなく，いつの時代にも恒常的に発生していたと考えられます。しかし，家庭が温かい愛の巣であるという美しい神話を損なうのを恐れるためか，あるいは厳しい社会から隔絶されたくつろぎの場としての家庭のプライバシー尊重のためか，夫婦間暴力は長い間社会問題として浮上することなく潜在してきました。そのような夫婦間暴力が，児童虐待と並んでアメリカの社会科学の文献に登場し始めたのは，1960年代の終わりから1970年代のはじめにかけてでした。

夫婦間暴力を含むはじめての大規模な研究は，ストロースたちによって1975年から1976年にかけて実施されました。この調査により，アメリカの家庭ではかなりの頻度で夫婦間暴力が発生していることが明らかになりました（ストロースたち，1980）。その調査では，夫婦の16％が最近1年間に夫婦間暴力を経験しており，28％がこれまでの結婚生活において夫婦間暴力を経験していました。夫婦間暴力といっても，物を投げるというような軽いものから，叩いたり殴ったりというもの，さらには刃物や銃を使った深刻なものまでさまざまです（図11-1）。もちろん軽い暴力ほど頻度が高く，深刻なものほど頻度は低いのですが，たとえ頻度が低くても，全婚姻者数にあてはまると，相当の数にのぼります。この調査を行ったストロースたち（1980）は，次のように言います。

「今までに配偶者をたたきのめしたり，実際にナイフを振るったり，銃をもちいた夫や妻の数は驚くほど多い。暴力のうちでももっとも激しい種類のものが家庭内でみられる，ということの意味は，この比率を全結婚カップルに当て

11.1 夫婦間暴力の実態

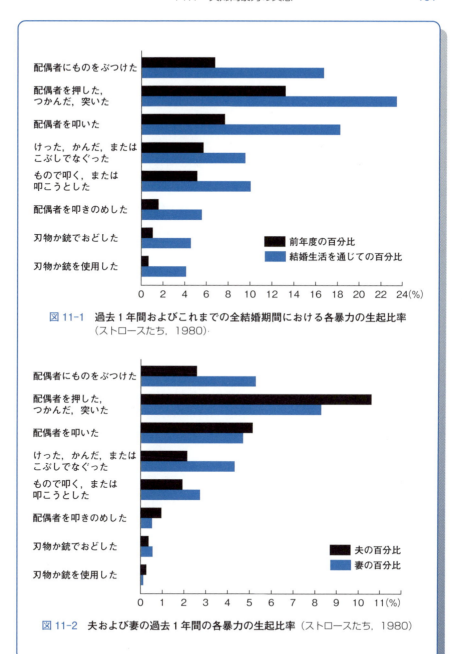

図 11-1 過去 1 年間およびこれまでの全結婚期間における各暴力の生起比率 (ストロースたち, 1980)

図 11-2 夫および妻の過去 1 年間の各暴力の生起比率 (ストロースたち, 1980)

はめてみればはっきりする。1975年現在，合衆国には，約4,700万のともに暮しているカップルがいる。今わかった率から計算すると，170万以上のアメリカ人が，夫か妻が，ナイフか銃を振りまわすのに出くわし，200万以上の人が夫か妻から殴り飛ばされている，ということなのである。」（ストロースたち，1980）

　この調査データをみると，過去1年間に配偶者に暴力を振るった夫は12.1%，妻は11.6%とほとんど性差はみられず，妻も夫と同様に暴力的であることがわかりました。また，暴力の内容には性差がみられ，配偶者に物を投げつけたり蹴ったり噛みついたり殴ったり物で叩いたり刃物や銃で脅したりする行為は妻のほうが多く，押したり突いたり叩いたり叩きのめしたり実際に刃物か銃を使ったりする行為は夫のほうが多くなっていました（図11-2）。ただし，これはあくまでも暴力行為の発生頻度のことであり，同じ行為でも相手に与えるダメージには性差があると考えるのが妥当と思われます。

　ストロースとゲレス（1986）は，10年後に実施した調査のデータを1975年のデータと比較しています（表11-1）。その結果，次のようなことが明らかになったとしています。

①夫から妻への暴力は減少している（統計的に有意にはならなかった）。とくに激しい暴力（表11-1の4〜8の行為）に限れば，20.5%の減少がみられた。これをアメリカ全体の夫婦数に換算すると，40万人以上の減少になる。

②妻から夫への暴力にはあまり変化がみられない。

③1975年時と同様，家庭の中では妻は夫と同程度に暴力的である。

　夫から妻への暴力が減少したのは，1970年代から1980年代の間に，夫による妻虐待がアメリカの抱える深刻な社会問題であるとの認識が広まり，暴力を受けている女性用のシェルターや夫婦カウンセリングの充実など，さまざまな対策がとられたためといえます。ただし，そうした流れの中にあっても，アメリカでは夫による暴力を既婚女性の3割が経験し，ボーイフレンドによるデート時の暴力も女性の5割が経験しているという調査データもあり（コス，1990），夫婦間あるいはデートしている者同士の暴力はそう簡単になくならないことが窺われます。

11.1 夫婦間暴力の実態

表 11-1 過去 1 年間に起こった夫婦間暴力の 10 年間の変化（%）
（ストロースとゲレス，1986 を改変）

暴力のタイプ	夫から妻へ 1975 $N=2,143$	夫から妻へ 1985 $N=3,520$	妻から夫へ 1975 $N=2,143$	妻から夫へ 1985 $N=3,520$
1. 物を投げつけた	2.8	2.8	5.2	4.3
2. 押した，つかんだ，突いた	10.7	9.3	8.3	8.9
3. 叩いた	5.1	2.9	4.6	4.1
4. 蹴った，かみついた，こぶしでなぐった	2.4	1.5	3.1	2.4
5. 物でぶった，ぶとうとした	2.2	1.7	3.0	3.0
6. 叩きのめした	1.1	0.8	0.6	0.4
7. 銃か刃物で脅かした	0.4	0.4	0.6	0.6
8. 銃か刃物を使った	0.3	0.2	0.2	0.2

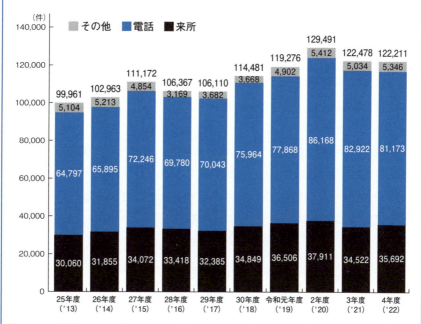

図 11-3　配偶者暴力相談支援センターへの相談件数（内閣府男女共同参画局 HP より作成）

その後，日本でも夫婦間暴力が深刻な社会問題として浮上し，1999 年から内閣府による実態調査が始まり，2001 年に「配偶者からの暴力の防止及び被害者の保護に関する法律」が施行され，DV（ドメスティック・バイオレンス）という言葉も広く浸透し，配偶者による暴力に苦しむ主に女性に対するさまざまな支援が行われるようになってきました。

11.1.2 日本における夫婦間暴力の実態

配偶者暴力相談支援センターへの相談件数の推移をみると，新型コロナウイルス感染症感染防止のために在宅を強いられることによるストレスから夫婦間暴力が増加していることが指摘されたように，2020 年度は突出していますが，全体として増加傾向にあります（図 11-3）。これは，さまざまな対策がとられているにもかかわらず増え続けているというよりも，夫婦間暴力に対する感受性の高まりによるところも大きいと考えられます。かつてなら見逃されていたことにも意識が向いたり，我慢していたことも我慢しなくなったりといったことがあるのではないでしょうか。

2022 年度の配偶者からの暴力に関する相談件数（離婚済みの事例や生活の本拠を共にする交際相手の事例も含む）の総数は 12 万 2,211 件で，女性からの相談が 11 万 8,946 件，男性からの相談が 3,211 件で，女性からの相談が非常に多くなっています。

内閣府の「男女間における暴力に関する調査（令和 5 年度調査）報告書」（内閣府男女共同参画局，2024）によれば，これまでに配偶者から，身体的暴行，心理的攻撃，経済的圧迫，性的強要を受けたことがあるという女性は 27.5％，男性は 22.0％でした。内容別にみると，最も多いのが心理的攻撃で女性 19.9％，男性 15.5％，次に多いのが身体的暴行で女性 15.0％，男性 11.5％，そして経済的圧迫が女性 9.1％，男性 6.1％，性的強要が女性 10.6％，男性 1.1％となっています。配偶者からの暴力としては心理的攻撃が最も多くなっていますが，身体的暴行に苦しむ女性もかなりいることがわかります（図 11-4）。

家庭裁判所で扱われた婚姻関係事件の主な申し立て動機をみても，「性格が

11.1 夫婦間暴力の実態

配偶者からの被害経験の有無

A 身体的暴行（例えば，なぐったり，けったり，物を投げつけたり，突き飛ばしたり，体をおさえつけたり，首を絞めたりするなどの身体に対する暴行など）

B 心理的攻撃（例えば，人格を否定するような暴言，交友関係や行き先，電話・メールなどを細かく監視・制限したり，長期間無視するなどの精神的な嫌がらせ，あるいは，自分もしくは自分の家族に危害が加えられるのではないかと恐怖を感じるような脅迫など）

C 経済的圧迫（例えば，生活費を渡さない，給料や貯金を勝手に使われる，外で働くことを妨害されるなど）

D 性的強要（例えば，嫌がっているのに性的な行為を強要される，見たくないポルノ映像等を見せられる，同意していないのに性的な画像・動画を撮影される，避妊に協力しないなど）

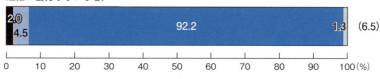

図11-4　配偶者からの被害経験の有無（内閣府男女共同参画局，2024）

合わない」が夫（9,240件）でも妻（1万6,304件）でも圧倒的な1位となっていますが，「暴力を振るう」は夫（1,454件）では7位で実数も少ないのに対して，妻（8,576件）は「生活費を渡さない」（1万3,235件），「精神的に虐待する」（1万948件）に次いで4位で実数もかなり多くなっています（図11-5）。このように，夫婦間暴力を防ぐための対処が進められているにもかかわらず，配偶者による暴力に苦しむ人は減らず，身体的暴力を受けている女性もかなりいることがわかります。

　ただし，夫婦間暴力の実態調査が行われるようになったからといって，実態をそのままにとらえられるわけではありません。この種の調査データによって，その現実を把握するのは困難を極めます。その主な理由として榎本（1992）は，①正直な報告が得にくいこと（自分たちの恥部をさらけ出すような感じを伴ったり，報告を恐れたりすることによる），②何を暴力とみなし，その程度や頻度をどのように判断するかの基準が明確でないこと，③調査標本のサンプリングに偏りが生じやすいこと（たとえ無作為抽出した場合でも，自発的に回答に協力する人はとくに配偶者暴力に悩まされている人が多く，母集団を代表していない可能性があり，ましてや相談に駆けつけた人から得られたデータは世間一般の傾向を反映したものとは言い難い），といった3点をあげています。

　次に配偶者から暴力を受けることによる影響についてみてみましょう。配偶者から暴力を受けることは，身体的な怪我だけでなく，抑うつ，睡眠障害をはじめとするさまざまな精神的悪影響につながりやすいことが指摘されています（バーグマンとブリスマー，1991；カザンチスたち，2000；コーカーたち，2002）。前出の「男女間における暴力に関する調査（令和5年度調査）報告書」（内閣府男女共同参画局，2024）では，配偶者から何らかの暴力を受けたことのある人に，配偶者から暴力を受けたことで生活が変わったかを尋ねていますが，「生活上の変化があった」という女性は63.7％，男性は53.8％となっており，過半数が生活が変わったと答えています。どのような点が変わったかについては，「自分に自信がなくなった」（26.2％），「夜，眠れなくなった」（20.8％）が多く，「心身に不調をきたした」（18.2％），「生きているのが嫌になった・死にたくなった」（15.4％），「別居した」（12.6％）などが続いていま

11.1 夫婦間暴力の実態

申立人	夫	妻
総　　　　数	15,500	43,469
性格が合わない	9,240	16,304
異　性　関　係	2,132	6,505
暴力を振るう	1,454	8,576
酒を飲み過ぎる	381	2,618
性 的 不 調 和	1,749	2,808
浪　費　す　る	1,883	4,020
病　　気	571	660

申立人	夫	妻
精神的に虐待する	3,159	10,948
家庭を捨てて省みない	764	3,013
家族親族と折り合いが悪い	1,964	2,647
同居に応じない	1,359	722
生活費を渡さない	686	13,235
そ　の　他	3,173	4,714
不　　詳	750	3,361

（注）申立ての動機は，申立人の言う動機のうち主なものを3個まで挙げる方法で調査重複集計した。

図11-5　婚姻関係事件における申立ての動機別件数
（最高裁判所事務局，2021より作成）

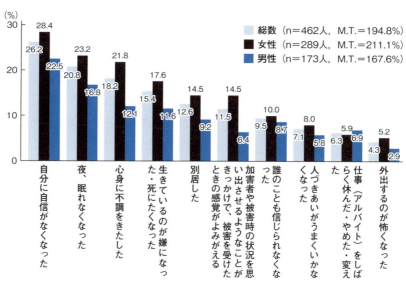

図11-6　配偶者から暴力を受けたことによる生活の変化
（内閣府男女共同参画局，2024より一部抽出）

す。上位 10 位までを男女別に示すと図 11-6 のようになります。

11.2 　夫婦間暴力のリスク要因

11.2.1 　配偶者に暴力を振るいやすい人物の特徴

　配偶者からの暴力に苦しむ人は女性のほうが多いので，配偶者に暴力を振るう夫の特徴をみてみましょう。欲求不満─攻撃仮説に従えば，人は欲求が阻止されると，つまり欲求不満の状況に置かれると攻撃的になることがわかっています。夫から妻への暴力にも，このことはあてはまるようです。社会経済的地位との関係を検討したゲイフォード（1975）やカンターとストロース（1987，1989）によれば，低収入，ブルーカラー，失業，仕事への満足度の低さなどがとくに対配偶者暴力との親和性が高くなっています。ホーヌンクたち（1981）は，夫の学歴と現在の職業的地位を比較して暴力との関係を検討した結果，暴力夫はオーバー・アチーバー（学歴以上の職業的地位を獲得）には少なく，アンダー・アチーバー（学歴に比べて現在の職業的地位が低い）に非常に多いことを明らかにしました。また，ハーショーンとローゼンバウム（1985）は，対配偶者暴力夫の特徴として，低い自己評価をあげています。彼らは，この種の夫が妻との間のちょっとした葛藤を自己評価を傷つける脅威とみなしやすいことも見出しています。さらに，ローゼンバウムとオレアリー（1981a，b）やカンターとストロース（1987，1989）は，対配偶者暴力夫には薬物乱用者や過度にアルコールを摂取する者が多いことを見出しています。このように，欲求不満状況，それに伴う自己評価の低さが多くの対配偶者暴力夫の抱える根本的な問題といえそうです（図 11-7）。

　ただし，欲求不満状況において暴力という行動で反応する背景には，暴力肯定的態度があると考えられます。口で言ってもわからない相手には身体でわからせるのもやむを得ないと考えていたり，身体的暴力も自己主張のスタイルの一種であるといった価値観を身につけていたりすると，相手にわからせる最終手段として暴力を振るうことになりやすいと考えられます。そのような人物の中には，自分の行為を暴力と認識せず，正当な行為とみなしていることもあり

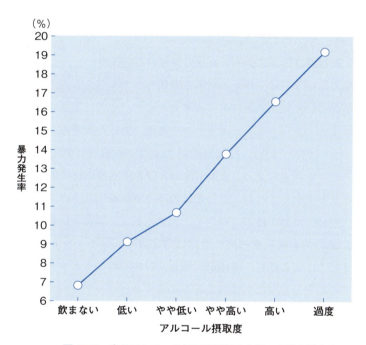

図 11-7　**夫のアルコール摂取度別にみた妻への暴力発生率**
（カンターとストロース，1987）

ます（ジル，2004；石川，2005；松下，2002；米山，2005）。また，ローゼン
バウムとオレアリー（1981b）は，成育家庭で親同士の暴力を目撃した経験の
多い夫ほど，また親から虐待された経験をもつ夫ほど，妻に対して暴力を振る
いやすいということを見出しています。相手をねじ伏せる自己主張の手段とし
て，あるいは子どもを教育する手段として，暴力が日常的に用いられている家
庭で育った場合，暴力肯定的態度を身につけやすいことは，モデリング理論か
らしても十分あり得ることといえます。

11.2.2 夫婦間コミュニケーションにみられる問題点

　夫婦間暴力というのは，相互の緊密な関係の中で生じるものです。共に好意
を抱いて結びついた夫婦の間に生じる暴力なので，そこに至るまでにはかなり
根の深いコミュニケーション・ギャップの蓄積があったと考えられます。
　マルクマン（1979，1981）の縦断的研究では，結婚前に測定した相互のコ
ミュニケーション得点により，2年半後および5年半後の結婚生活への満足度
が異なることがわかりました。それぞれの時点で結婚生活への満足度の高い群
と低い群に分け，両群の結婚前のコミュニケーション得点を比較すると，いず
れの時点においても満足度の高い群のほうがコミュニケーション得点が高く
なっていました。ここから，結婚前に相互に評定したコミュニケーション能力
は，長期間にわかる親密な関係の成否を規定するといってよいでしょう。つま
り，結婚生活における相互の関係への不満に先立って，好ましくないコミュニ
ケーションが存在していたことになります。
　では，どのようなコミュニケーションが好ましく，どのようなコミュニケー
ションが問題をはらんでいるのでしょうか。マルゴリンとウォムポルド
（1981）は，不和夫婦と円満夫婦の相互作用パターンを比較しています。それ
により，積極的に問題解決を目指すコミュニケーション，言語的・非言語的に
相手を肯定するコミュニケーションが不和夫婦に少ないことがわかりました
（表11-2）。つまり，関係がうまくいっていない夫婦は，自分たちが突き当
たった問題について妥協したり歩み寄ったりしながら論理的かつ冷静に話し合
うことが少なく，相手に対する好意的な言動や場を和ませる言動が少ないので

表11-2 コミュニケーションのパターン
（マルゴリンとウォムボルド，1981）

行動カテゴリー	
問 題 解 決	責任の受容
	妥協，歩みより
	問題の解決
言語的肯定	同意
	是認
	ユーモア
非言語的肯定	うなずく
	身体的肯定
	微笑，笑い
言語的否定	不平
	批判
	責任の否認
	弁解
	やりこめる，黙らせる
非言語的否定	応答しない
	ついていかない
	そっぽを向く

す。言語的・非言語的に相手を否定するコミュニケーションには差がみられませんでしたが，否定的言動の相互発展傾向が不和夫婦にのみみられました。つまり，相手が否定的な言動を発した場合，円満夫婦ではそれほど重大な対立へと発展することが少ないのに対して，不和夫婦では「目には目を」式に否定的な言動で仕返しする傾向がみられたのです。どんな人でも，時に攻撃的な言葉を発したり，相手に不満をぶつけたり，感情的になったりすることがあるものです。そんなとき，だれでも虫の居所の悪いときがあるものだとか，もうちょっと気持ちが落ち着いてから話し合おうなどと，軽くかわすことができれば，暴力に発展することは少ないと思われます。それができずに，つい「売り言葉に買い言葉」といった感じの反応をしてしまう夫婦の間に暴力が発生しやすいということでしょう。

　第5章で紹介した黒澤と加藤（2013）の調査研究でも，積極的関係維持コーピングは結婚満足度と正の相関を示すけれども，回避的関係維持コーピングは結婚満足度と負の相関を示すことが報告されています。このように，葛藤状況で積極的に問題解決に向けたコミュニケーションをとることが結婚満足度の高さにつながり，コミュニケーションを回避することが結婚満足度の低さにつながることがわかります（積極的関係維持コーピングと回避的関係維持コーピングの具体的な内容は第5章の表5-5参照）。

　スミスたち（1990）は，結婚前のカップルの感情表現の仕方を測定し，それと結婚18カ月後および30カ月後の結婚生活への満足度との関係を検討しています。感情表現の仕方は，否定的感情性，肯定的感情性，感情遊離性の3種の尺度で測定されました（表11-3）。それによれば，結婚後18カ月および30カ月の時点における結婚生活への満足度は，結婚前に測定した感情遊離性と負の相関関係にありました。つまり，結婚前のコミュニケーションにおける感情遊離性という特徴がその後の結婚生活への不満に関係しているというわけです。気持ちの通わないコミュニケーションが相手をイライラさせるのだと思われます。これは直接夫婦間暴力を予言するものではありませんが，暴力のきっかけとなるコミュニケーション・ギャップを予言する一指標といえるでしょう。

　柏木（2003）によれば，日本の夫婦に特徴的なのは，結婚満足度が夫と比べ

11.2 夫婦間暴力のリスク要因

表 11-3　**感情表現の種類**（スミスたち，1990）

否定的感情性

　　不満な，狼狽した，弱った，イライラした，心配な，うんざりした，怒った，攻撃的な，落胆した，刺激された，苦痛な，当惑した，悲しい，恐ろしい，敵意のある，残念な，びっくりした，驚いた

肯定的感情性

　　友好的な，親切な，くつろいだ，気楽な，幸福な，穏やかな，陽気な，快活な，愛情深い，やさしい，いたわる，興味をもった，残酷な（反転項目）

感情遊離性

　　静かな，のろい，無口な，飽きた，疲れた，精力的な（反転項目），興奮した（反転項目），おどおどした，神経質な，沈黙の

て妻が低いことです。結婚後，夫の満足度がしだいに増加するのに対して，妻の満足度は変わらないため，中高年層では夫と妻の満足度に大きな開きが出てしまいます（図11-8）。これにもコミュニケーションのまずさが関係していると考えられます。

11.3 　夫婦間暴力の予測

11.3.1 　結婚初期に多い暴力

　ローゼンバウムとオレアリー（1981a）は，夫による暴力を経験している妻に対して，はじめて暴力を受けた時期を尋ねています。それによると，69％が結婚1年後までに暴力を経験していました。しかも，結婚前にすでに夫（そのときはまだ恋人同士の間柄）による暴力を経験している者が15％もいたのです。あとの54％は，結婚してから1年の間に夫によるはじめての暴力を経験しています。調査対象者の平均結婚年数が12.76年であることを考慮すると，夫による暴力を経験することになる女性の大部分は，結婚1年後までにはじめての暴力を経験するといってよいでしょう。つまり，結婚生活の初期もしくは結婚前のデート中に，夫による暴力があるかどうかで，その後の結婚生活において暴力を受けることになるかどうかをある程度予測できることになります。

　オレアリーたち（1989）は，夫婦間暴力は結婚生活の初期に多く，しだいに減少していくということを明らかにしています。その調査研究では，結婚前の1年間の暴力経験，結婚後6～18カ月の1年間の暴力経験，結婚後18～30カ月の1年間の暴力経験がそれぞれ測定されました。結果をみると，それぞれの期間における夫から妻への暴力発生率は，31％，27％，25％となっており，少しずつではあるが明らかに減少傾向にあります。妻から夫への暴力の発生率は，より顕著な減少傾向を示しており，それぞれの期間において，44％，36％，32％となっています。さらに，3つの時点の暴力経験の相関がかなりあることから，結婚前後の2～3年の間に暴力を経験しているかどうかで，その後の暴力発生率をかなりの程度予測できることも確認されました。そこで，3つの時点におけるデータをもとに，夫婦間暴力の予測表が作成されました（図11-9）。

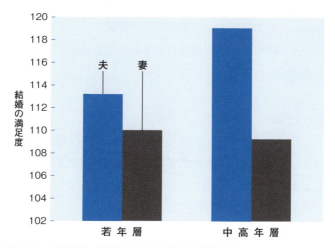

図 11-8　若年層と中高年層の夫と妻の結婚満足度（柏木たち，1996）

この表によれば，たとえば結婚前1年間に恋人である女性（その後結婚した相手）に暴力を振るう男性の比率は31％，その男性が結婚後6〜18カ月の1年間に妻に暴力を振るう確率は51％もあり，その夫がさらに結婚後18〜30カ月の1年間に妻に暴力を振るう確率は59％ということになります。一方，結婚前の1年間に恋人である女性に暴力を振るわなかった男性（69％）であれば，結婚後6〜18カ月の1年間に妻に暴力を振るう確率はわずか15％であり，この時点でもなお暴力を振るわなかった夫が結婚後18〜30カ月の1年間に妻に暴力を振るう確率は10％しかありません。妻による暴力に関しても，同様の傾向がみられます。

こうしてみると，婚約時代および新婚時代に配偶者による暴力があるかどうかで，その後の長い結婚生活が配偶者による暴力の脅威にさらされるかどうかが，かなりの程度予測できることになります。

11.3.2 デートDV

そこで浮上してくるのがデートDVです。すでにデート期間に恋人による暴力を受けた場合は，結婚後にその配偶者による暴力に悩まされる確率が非常に高いということができます。そのような意味において，デートDVは，夫婦間暴力に先立つ現象として位置づけることができます。

このところデートDVや恋人支配行動に関する調査研究も行われるようになってきましたが（河田たち，2023；小澤と長谷川，2013；寒水と加峯，2022；山田と山田，2010），「男女間における暴力に関する調査報告書」（内閣府男女共同参画局，2024）によれば，これまでに交際相手から身体的暴行，心理的攻撃，経済的圧迫，性的強要のいずれかの被害を受けたことがあるという女性は22.7％，男性は12.0％でした。昨今の文化的状況を反映するかのようにSNSでの暴力を29.4％が経験しているという報告もあります（千葉たち，2020）。それによれば，「バカにされたり傷つくようなことを言われた」「メールを勝手にチェックされたり，他の友人とのつきあいをとがめられた」といった項目の経験率が高くなっています。

デートDVに関してもさまざまな予防教育が行われつつあります（寒水・加

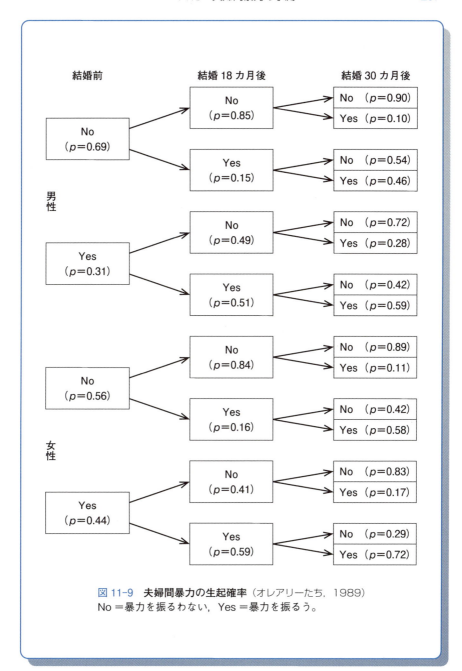

図 11-9　夫婦間暴力の生起確率（オレアリーたち，1989）
No＝暴力を振るわない，Yes＝暴力を振るう。

峯，2022；長安，2022；坪井，2023）。ただし，夫婦間暴力と同様にデートDV も，何を暴力と感じるかが人によって異なるところが問題をこじらせる原因にもなっていると考えられます。身体的暴行はわかりやすいのですが，心理的攻撃の場合は，同じ言動でも傷つく人と傷つかない人がおり，傷つかない人が口にした言葉で傷つく人もいるので，そうした感受性の違いも考慮して予防教育を行っていく必要があります。

12

子どもにみられる
諸問題

12.1 不登校・ひきこもり

12.1.1 増加の一途をたどる不登校

不登校の子どもの人数は，2012（平成24）年頃まではほぼ変わらずに推移していたのですが，それ以降は年々増加しており，とくにここ数年は急激に増加しています。文部科学省による「令和4年度児童生徒の問題行動・不登校等生徒指導上の諸課題に関する調査」の結果をみると，「病気」や「経済的理由」「新型コロナウイルスの感染回避」など特別な事情により休んでいる者を除いた2022（令和4）年度の不登校の児童生徒数は，29万9,048人と過去最多となっており，10年連続で増加しています（図12-1）。

2022年度の不登校の児童生徒数は，学年別にみても，小学1年生から中学3年生まで，すべての学年において前年よりも増加しています。小学1年生が6,668人と最も少なく，学年が上がるにつれて増加し，小学6年生では3万771人と5倍近くになっています。そして，中学生になると不登校人数は著しく増え，中学1年生で5万3,770人となっており，さらに中学2年生では7万622人と小学6年生の2倍以上となっています。中学3年生ではとくに増えず，ほぼ横ばいで6万9,544人でした（図12-2）。

近年は子どもの数は減っているのに，不登校の人数は逆に増えていることから，不登校に陥る子どもたちの比率が著しく増えていることがわかります。その証拠に，1,000人あたりの不登校の児童生徒数は，2012年の10.9人から2022年の31.7人へと，10年間で3倍にも増えているのです。

ここ数年の不登校の急増には，新型コロナウイルスによる休校や在宅学習の影響もあるものと思われます。この調査では，新型コロナウイルスの感染回避のための欠席は不登校には含まれていないのに，どうしてと思われるかもしれませんが，新型コロナウイルスの感染回避のための欠席あるいは在宅学習により学校に行かない日常を過ごすことが，その後の不登校のきっかけとなることもあるでしょう。ただし，それ以前から不登校は増加傾向にあるので，別の要因も絡んでいるのは間違いありません。

病気や経済的事情などやむを得ない理由なしに学校を長期欠席することを，

12.1 不登校・ひきこもり

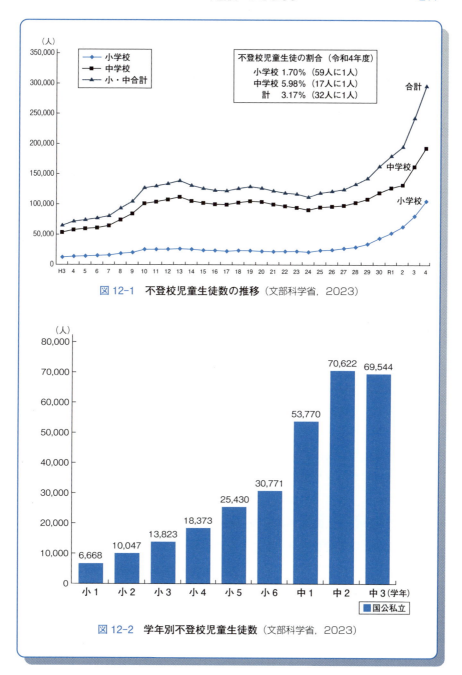

図 12-1 不登校児童生徒数の推移（文部科学省，2023）

図 12-2 学年別不登校児童生徒数（文部科学省，2023）

かつては登校拒否といい，今では不登校といいますが，漠然と不登校という言葉を使っているものの，どういう状態を不登校というのか，よくわからないという人も少なくないのではないでしょうか。そこで，不登校の定義を確認しておきましょう。文部科学省では，実態把握のための調査を行うにあたって，不登校児童生徒とは「何らかの心理的，情緒的，身体的あるいは社会的要因・背景により，登校しないあるいはしたくともできない状況にあるために年間30日以上欠席した者のうち，病気や経済的な理由による者を除いたもの」と定義しています。かつては登校したくてもできない神経症的な状態を呈する者を典型的な不登校とみなしていましたが，今では登校したくない者も含めて不登校とみなしていることがわかります。

12.1.2 不登校のきっかけと背景要因

不登校になるには何らかのきっかけがあるはずです。では，どんなことがきっかけで不登校になるのでしょうか。文部科学省が2020～2021年にかけて，前年度に不登校を経験し調査時に登校または教育支援センターに通所実績のある小学6年生と中学2年生を対象として実施した「不登校児童生徒の実態把握に関する調査」というものがあります。そこでは，不登校のきっかけについて尋ねています。その回答をみると，一番最初に学校に行きづらい，休みたいと感じ始めたときのきっかけとして（複数回答），小学6年生および中学2年生があげたのは，主に表12-1のようなことでした。

小学生の回答も中学生の回答も，非常に多岐にわたっています。こうした調査データからは，身体の不調や生活リズムの乱れなど個人的要因，友だち関係や先生との関係など人間関係的要因，勉強がわからないなど学習的要因など，さまざまなことが不登校のきっかけとなり得ることがわかります。朝起きられないことがきっかけで学校に行けなくなる子もいれば，お腹が痛くなり学校に行けなくなる子もいます。友だちとのトラブルがきっかけで学校に行けなくなる子もいれば，仲の良い友だちがいないことで学校に行けなくなる子もいます。勉強がわからなくて学校に行けなくなる子もいれば，悪い成績をとったことがきっかけで学校に行けなくなる子もいます。じつにさまざまなことが不登校の

表 12-1 不登校になったきっかけ（文部科学省，2021）

(a) 小学6年生

「先生のこと（先生と合わなかった，先生が怖かった，体罰があったなど）」	（29.7%）
「身体の不調（学校に行こうとするとおなかが痛くなったなど）」	（26.5%）
「生活リズムの乱れ（朝起きられなかったなど）」	（25.7%）
「友だちのこと（いやがらせやいじめがあった）」	（25.2%）
「勉強がわからない（授業がおもしろくなかった，成績がよくなかった，テストの点がよくなかったなど）」	（22.0%）
「友だちのこと（いやがらせやいじめ以外）」	（21.7%）
「インターネット，ゲーム，動画視聴，SNS（LINE やツイッター〈現 X〉など）などの影響（一度始めると止められなかった，学校に行くより楽しかったなど）」	（18.1%）
「なぜ学校に行かなくてはならないのかが理解できず，行かなくてもいいと思った」	（13.6%）

(b) 中学2年生

「身体の不調（学校に行こうとするとおなかが痛くなったなど）」	（32.6%）
「勉強がわからない（授業がおもしろくなかった，成績がよくなかった，テストの点がよくなかったなど）」	（27.6%）
「先生のこと（先生と合わなかった，先生が怖かった，体罰があったなど）」	（27.5%）
「友だちのこと（いやがらせやいじめ以外）」	（25.6%）
「友だちのこと（いやがらせやいじめがあった）」	（25.5%）
「生活リズムの乱れ（朝起きられなかったなど）」	（25.5%）
「インターネット，ゲーム，動画視聴，SNS（LINE やツイッター〈現 X〉）などの影響（一度始めると止められなかった，学校に行くより楽しかったなど）」	（17.3%）
「なぜ学校に行かなくてはならないのかが理解できず，行かなくてもいいと思った」	（14.6%）
「部活動の問題（部活動に合わなかった，同じ部活の友だちとうまくいかなかった，試合に出場できなかった，部活動に行きたくなかった）」	（13.3%）

きっかけになることがわかります。複数のきっかけが絡み合っていることもよくあるので，この調査では複数回答を可としています。たとえば，朝学校に行こうとするとお腹が痛くなるけれども，そこには友だち関係の問題が絡んでいることといったケースもあるでしょうし，授業がわからないことが絡んでいるといったケースもあるでしょう。

岡安たち（1992a，1992b）は，中学生の不登校傾向につながりやすい学校ストレッサーとして，教師との関係，友人関係，部活動，学業の4つを抽出しています。古市（1991）は，友人関係，教師との関係，学業上の問題が学校嫌い感情の規定要因となるとしています。佐藤（2005）は親の過干渉が不登校傾向につながりやすいことを報告しています。小田切・高崎（2011）は，親子の信頼関係が学校に対する好意的感情につながることを報告しています。

ただし，このような要因は，不登校になった者だけでなくだれにものしかかるストレッサーであるともいえます。教師や友人との人間関係のストレス，学業上のストレス，部活等のストレスがあっても，不登校にならない者はたくさんいます。そうなると，不登校要因をはっきりとつかむのは難しいともいえます。実際，文部科学省による「不登校児童生徒の実態把握に関する調査」では，最初に行きづらいと感じ始めたきっかけについて，「きっかけが何か自分でもわからない」という児童生徒が小学6年生で25.5％，中学2年生で22.9％というように，4人に1人ほどもいるのです。「先輩ママたちが運営する不登校の道案内サイト『未来地図』（https://miraitizu.com/）」による「不登校を考えるアンケート（保護者向け）」にも不登校の要因についての質問があります。その結果をみると，「子ども自身も，学校へ行けない理由が分からない」（37.5％），「教職員との関係をめぐる問題」（37.4％），「いじめを除く友人関係をめぐる問題」（30.4％），「体調不良」（29.1％）が主な要因となっていますが，自分の子どもが不登校になった当事者である保護者の4割近くが，本人も学校に行けない理由がわからないのだろうと感じているのです（表12-2）。

やはり，さまざまな要因が複雑に絡み合って不登校に至るのであり，不登校の背景要因を決めつけずに対応する必要があります。

表 12-2　不登校の背景要因

不登校につながる学校ストレッサー（岡安たち，1991；岡安たち，1992a，1992b）
　　　教師との関係
　　　友人関係
　　　部活動
　　　学業

学校嫌い感情の規定要因（古市，1991）
　　　友人関係
　　　教師との関係
　　　学業上の問題

佐藤（2005）……親の過干渉が不登校傾向につながりやすい

小田切・高崎（2011）……親子の信頼関係が学校に対する好意的感情につながる

不登校の要因（先輩ママたちが運営する不登校の道案内サイト『未来地図』（https://miraitizu.com/））
　　　「子ども自身も、学校へ行けない理由が分からない」　　（37.5%）
　　　「教職員との関係をめぐる問題」　　（37.4%）
　　　「いじめを除く友人関係をめぐる問題」　　（30.4%）
　　　「体調不良」　　（29.1%）

12.1.3 不登校の多様化

不登校というと，かつては「学校に行きたいと思うのに，なぜか行けない」という葛藤を抱える，いわゆる「良い子の息切れ型」ばかりがクローズアップされていました。しかし，このところの不登校の急増の中身をみると，不登校のタイプも多様化しているように思われます。山田・宮下（2008）があげる「浮遊タイプ」「一見元気なタイプ」「受け身なタイプ」がとくに現代型不登校に該当すると思われますが（コラム 12-1），これらは，対人コミュニケーションが苦手であったり，ストレス耐性が低かったりすることが関係する不登校ということができるでしょう。

無気力型の不登校が多くなっているといわれますが，学校に行かないことに対する罪悪感がなく，「学校に行きたくない」という思いから不登校気味になる者も目立ちます。そのようなタイプの場合，学校に行かないことによる葛藤がほとんどみられません。同じ不登校でも，学校に行かなければと悩むタイプもいれば，学校に行かないことに関してとくに悩まないタイプもいるのです。そうなると，タイプによって対応の仕方も変えていく必要があります。

臨床心理学の領域においても，かつてのような神経症的な葛藤を抱えるタイプが多い時代には，登校刺激を与えないようにして葛藤を和らげようという対応が推奨されていましたが，近年は学校に行かないことに対する葛藤がみられないケースも多いため，登校刺激を与えないようにといった対応ではかえって不登校を長引かせるだけなのではないかとの指摘もあります（滝川，2005；田嶌，2005）。

12.1.4 不登校のもつ意味とひきこもりへの移行の懸念

不登校への対応において，不登校を問題行動とみなさず，必ずしも登校することを目標にしないとする 2017 年以降の文部科学省の姿勢は，登校にこだわらずに何とかして不登校の子どもたちにも教育の機会を確保したいとの方針と思われます。しかし，登校を目標としないというところが曲解され，学校に行かなくてもいいのだと受け止められ，不登校の常態化が促進されてしまう恐れがあります。田嶌（2005）も，不登校においては初期対応が重要となるのに，

コラム12-1 現代型不登校の3タイプ

　（前略）山田裕子と宮下一博は，学校現場で目にする主な不登校の
タイプとして，「優等生の息切れタイプ（従来タイプ）」「特別支援が
必要なタイプ（低学力や学習障害等）」「従来とは異なるうつタイプ」
のほかに，「浮遊タイプ（鍋田恭孝による命名）」「一見元気なタイプ」
「受け身なタイプ」をあげている。

　この後者の3つのタイプが，とくに現代型不登校に該当するものと
いえる。

　「浮遊タイプ」とは，親子の必要なコミュニケーションがほとんど
成立していないことにより，情緒的な関係の形成が困難であり，人間
関係が希薄で，何となく浮遊しているものである。

　「一見元気なタイプ」とは，気に入らないことへの耐性が弱く，周
囲が自分の思い通りにならないことに非常に強いストレスを感じ，仲
間関係がうまく行かなかったり，集団生活への適応が難しかったりす
るものである。

　「受け身なタイプ」とは，自分から話しかけたり，関係性をつくっ
たりする力が弱く，周囲に働きかけることができず，対人関係の緊張
や疲れから不登校になるものである。

（榎本博明『学校　行きたくない』平凡社新書）

「そっとしておいたほうがいい」という考え方が全国的に広まり，それが逆効果の対応を生んでいるケースも少なくないと言います。

不登校は日頃の自分を見つめ，自分の生き方を見直す機会になっているとの見方もありますが，不登校の多様化によって真剣に自分を見つめない不登校も増えています。さらには，不登校によって進路選択の幅が狭まってしまうという現実もあり，金子・伊藤（2019）は，不登校経験者の高校生活満足度と高校卒業後の適応についての調査を行っています。その結果，不登校経験の有無によって高校生活への満足度が異なり，不登校経験者のほうが満足度が低いことが示されています。さらに，高校卒業後の適応に関しても不登校経験の有無により差がみられ，進学先や就職先をやめたいと思ったり実際にやめた者の比率が，不登校経験者のほうがはるかに高いことも示されました。このようなデータは，不登校経験はその後の学校や職場への適応に対してネガティブな影響を及ぼすことを示唆しています。

そこで連想されるのが，ひきこもりの増加問題です。ひきこもりの増加も大きな社会問題となっていますが，「こども・若者の意識と生活に関する調査」（内閣府，2023）によれば，15〜64歳のひきこもり状態にある人は約146万人と推計されるとのことです。不登校が必ずしもひきこもりにつながっていくわけではないにしても，不登校の増加傾向とひきこもりの増加傾向が同時に進行していることからして，両者が無縁とは考えられません。不登校経験者がその後の社会適応に苦労する傾向がみられることからみても，学校や職場に適応できないことがひきこもりにつながっていくのは，十分にあり得ることです（コラム 12-2）。

このようにみてくると，学校に登校できるようになることにこだわらず，登校刺激を避けるということが，不登校への対応として広まっていますが，そうした風潮に染まり，子どもが家にひきこもっていてもよいといった考えを安易にもつのは危険といえます。現在の学校にさまざまな問題があることも事実ではありますが，学校が教育上理想的な状態にないということと子どもが家にひきこもっているということとは，切り離して考えて，不登校の対応にあたる必要があります。

コラム12-2　不登校からひきこもりへの移行の懸念

「（前略）「ひきこもり」のクローズアップとの関連において（中略）「学校へ行かないこと」はともかく，「家から出ないこと」の心理・社会的な問題性を無視できないことが明らかになった。さらに，対人恐怖や不安神経症とのつながり，パーソナリティの未熟さが〈不登校〉をもたらし〈不登校〉がさらに社会的な成熟の機会を失わせる悪循環など，「教育問題」では片づかない諸問題が〈不登校〉の陰に少なからず潜在しうる事実に臨床家は立ち戻って今日にある。」
（滝川一廣「不登校理解の基礎」「臨床心理学」第5巻第1号，所収）

「課題や目標がはっきりしないまま，子どもを葛藤のない環境に慣れさせてしまうことは，不登校を必要以上に長期化させ，子どもの社会性構築の機会を逸することになり，引いてはその後の社会的自立や適応の遅れにもつながりかねないことが憂慮される。」
（山田裕子・宮下一博「不登校生徒支援における長期目標としての自立とその過程で生じる葛藤の重要性の検討」「千葉大学教育学部研究紀要」第56巻，所収）

12.2 自　殺

12.2.1　自殺する児童生徒数の推移と動機

　児童生徒の自殺者数は，2017（平成 29）年あたりから増加傾向にあり，2019（令和元）年に 1986（昭和 61）年の 401 人に迫る 399 人となり，翌 2020（令和 2）年には新型コロナウイルス感染拡大による在宅ストレスや学校の人間関係の遮断のためか 499 人と一気に前年比 25％も増加し，その後は 2022（令和 4）年にはじめて 500 人を超えるなど，500 人前後を推移しています（図 12-3）。

　児童生徒の自殺の動機について，2023（令和 5）年の内訳を示したのが表 12-3 です。これをみると，圧倒的に多いのが「学校問題」で，261 人と半数近くを占めています。そして「健康問題」（147 人），「家庭問題」（116 人）と続いています。「学校問題」の中では，「学業不振」（65 人）が最も多く，「進路に関する悩み（入試以外）」（53 人），「入試に関する悩み」（36 人）と合わせて 154 人が学業・進路関係の悩みとなっています。そして，「学友との不和（いじめ以外）」が 48 人で，学業・進路関係の悩みと学友との不和で「学校問題」による自殺の大多数を占めています。

　ただし，自殺には表面には直接あらわれない微妙な要因が複雑に絡んでいることに留意する必要があります。そもそも自殺の動機というのは，とても内面的なものであり，他人にはなかなかつかみにくいものです。それを，本人が死んでしまったため，他人が外側から透けてみえる諸条件を手がかりに推測するわけなので，自殺に至った主観的状況やそれに対応した心の動きを正確に窺い知るのは不可能です。時に遺書や日記が残され，そこで自殺に至る何らかの動機が語られていることもありますが，それを額面通りに受け取るわけにはいきません。なぜなら，なぜ自分が自殺をしなければならない心境に至ったか，その真の動機が本人にもよくわからないといったケースも少なくないからです。

　たとえば，いくら頑張っても成績が上がらないとか，友だちと仲違いしたとか，親から厳しく叱られたなどといった動機が記されていたとしても，それはたしかにきっかけにはなったかもしれませんが，それだけでは自殺の動機の説

12.2 自殺

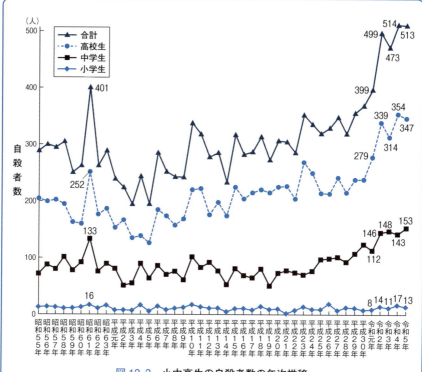

図 12-3 小中高生の自殺者数の年次推移
(厚生労働省自殺対策推進室・警察庁生活安全局生活安全企画課, 2024)

表 12-3 小中高生の自殺の動機
(厚生労働省自殺対策推進室・警察庁生活安全局生活安全企画課, 2024)

○令和5年の小中高生の原因・動機は，学校問題が最も多く（261件），次いで健康問題（147件），家庭問題（116件）となった。
○特に学校問題の内訳をみると，学業不振（65件），進路に関する悩み（入試以外）（53件），学校問題その他（51件），学友との不和（いじめ以外）（48件）が多かった。

令和5年		家庭問題	健康問題	経済・生活問題	勤務問題	交際問題	計	学業不振	入試に関する悩み	進路に関する悩み（入試以外）	いじめ	学友との不和（いじめ以外）	教師との人間関係	性別による差別	学校問題その他	その他	不詳
	小学生	6	1	0	0	0	3	1	0	0	0	1	0	0	1	4	3
	中学生	46	26	1	0	4	92	28	12	12	1	20	2	0	17	19	24
	高校生	64	120	4	4	29	166	36	24	41	0	27	4	1	33	36	61
	合　計	116	147	5	4	33	261	65	36	53	1	48	6	1	51	59	88

明としては不十分です。成績が上がらなくても，友だちと仲違いしても，親から厳しく叱られても，自殺など考えない人のほうが圧倒的多数を占めるはずです。そうなると，本人も意識しないところで蓄積されてきた何か別の隠された要因が働いていたと考えざるを得ません。極端な言い方をすれば，最終的な決断を促すきっかけは，成績不振でもけんかでも叱責でも何でもよかったということもあり得ます。一つの自殺の背後には，長い年月をかけて蓄積されてきた自殺への心理的準備状態があったと考えるべきでしょう。それは，幼少期からの性格形成上の問題であったり，親子関係のあり方の問題であったり，人生観・人間観など価値観の問題であったりします。さらに，青年期は精神病のあらわれやすい時期でもあり，精神障害が絡んでいる場合もあります（榎本，1996）。複雑な準備状態が長期間にわたって固定化していくのであって，自殺の引き金となる直接のきっかけはむしろごく些細なものである場合のほうが圧倒的に多いものです（高橋，2008）。

12.2.2　自殺を考えやすい性格

　このように自殺を考える背景には，欲求不満や種々の苦悩に苛まれる抜き差しならない状況があるわけですが，そこから非行や犯罪に至る場合もあれば，うつうつとした日々を何とかやり過ごす人もあり，また自らの人生を終わりにしてしまうという方向に踏み出す人も出てきます。もちろん，そうしたストレスに満ちた状況にもかかわらず，ごく健全な生活を維持できる人もいます。客観的には同じような状況に置かれても，どのような反応に出るかは主観的な状況にかかっており，それには本人の性格が関係しています（表12-4）。ゆえに，自殺の動機に関するデータから，人を自殺に追い込みがちな状況を知っておくことも大切ですが，苦しい状況に追い込まれたときに自殺に至りやすい性格を知っておくことも大切です。

　自殺の心理的背景として，最も重要なのは，うつ的な心理状態です。したがって，自殺を考えやすい性格という場合，まず問題になるのはうつになりやすい性格です。うつになりやすい性格として注目すべきは，下田（1941）が提唱した執着性格です。執着性格とは，何でも徹底的にやらないと気が済まない

12.2 自　殺

表 12-4　**自殺を考えやすい性格特徴**（榎本，1996 より作成）

生真面目で融通がきかない	完璧主義が強すぎるゆえに自責や不全感に苦しむ。
非社会的で引っ込み思案	内向性が強いために引きこもりがちになり，問題を深刻化したり，周りからの救いが得られにくくなる。
情緒的に未成熟	情緒不安定になり自分の中の葛藤をうまく処理できず，パニックに陥ったり悲観的になったりしがち。
抑　制　的	適度な発散の方法を身につけていない場合，内面がかなりの緊張状態になる。
自信がない	悪状況の打開が困難であり，大きくつまずいたときに危機を迎える。
依　存　的	自力で状況を切り開こうとする気力に欠け，状況が好転しない場合依存対象への恨みや攻撃性を秘めた自殺につながる。
攻撃衝動が強い	処理しきれない攻撃性が自分自身に向かうことがある。
反社会的傾向がある	自己破壊衝動のために自らを防衛しない，事故と自殺との境界が不鮮明なケースが見られる。

性格で，凝り性，几帳面，生真面目，強い責任感，ごまかしやずぼらができないことなどを特徴とするものです。これは，けっして好ましくない性格ではなく，むしろ非常に良心的で好ましい性格といえます。ただ，問題は柔軟性の乏しさにあります。そのため行き詰まってしまうのです。執着性格のほかにも注意すべき性格特徴があります。表12-4 にあげられている個々の性質は，多かれ少なかれだれもが身につけているものです。ただし，これらの性格特徴を多く兼ね備えた人物が，抜き差しならない状況に置かれたときは，自殺のリスクをとくに考慮する必要があるということになります（榎本，1996）。

12.2.3　自殺のリスクの高い家族の特徴

　自殺する本人の性格の形成にもかかわることですが，自殺を生みやすい家族の特徴についての検討も行われています。高橋（2008）は，自殺は単に個人の問題ではなく，家族全体の病理の一側面でもある場合が多いとし，家族一人ひとりの自立を助け，家族全体がうまく機能するように援助していくことが必要であると言います。リッチマン（1986）は，自殺のリスクの高い家族は，家族の中の特定の人物をスケープゴートにすることで，家族の病的な平衡状態をかろうじて保っているとして，スケープゴート論を提起しています。そのような家族でスケープゴートが果たす役割として，リッチマンは表12-5 のようなものをあげています（高橋，2008）。

　フェファー（1986）は，自殺のリスクの高い小児や思春期の子の家族の特徴として，表12-6 のようなものをあげています。このように共依存と分離不安によって家族ががんじがらめになっているところに自殺のリスクが生じます。自殺予防の観点からは，そのような家族に対しては，家族全員の自立を手助けし，家族全体の精神的健康を促進するような働きかけが必要となります（高橋，2008）。

12.3　学　業　不　振

　この章で取り上げた不登校・ひきこもりにも自殺にも関係する要因として，

12.3 学業不振

表 12-5　自殺のリスクの高い家族でスケープゴートが果たす役割
（リッチマン，1986；高橋，2008）

---

①家族のなかのあらゆる問題の責任をすべてある特定の人に帰する（どんな問題が起きても，「悪いのはいつもお前だ」とされる人物を作る）。
②それによって，より合理的な問題解決を回避する。
③家族間の病的な平衡状態を保ち，分離不安を解消する。
④家族の抱える罪悪感を晴らす。
⑤この一連の行為を通じて，家族は直接的かつ間接的にスケープゴートとされた人物の自殺行動に加担することになる。

表 12-6　フェファーによる子どもの自殺リスクの高い家族の特徴
（高橋，2008）

---

①**世代間の境界の喪失**……親自身が自分の親（祖父母）から十分な分離固体化を達成していない。
②**深刻な葛藤に満ちた夫婦関係**……夫婦（両親）間には顕著な共依存的な関係が存在し，依存と同時に分離の恐れが存在する。
③**子どもに投影された親の感情**……親の意識的・無意識的な感情が子どもに投影され，柔軟性に乏しい，慢性的な親子間の葛藤が存在する。子どもの要求に親が柔軟に反応して，相互関係を修正することができない。
④**共依存的な親子関係**……とくに母子間に顕著な共生的な親子関係が存在する。そのために子どもは自立した機能を発達させることができない。
⑤**柔軟性に欠ける家族のシステム**……以上の結果として，全体として柔軟性に欠ける家族のシステムができあがってしまう。家屋は柔軟性に欠ける方法で互いに結びつき，どんな変化も脅威ととらえかねず，わずかな変化も強い不安を生む。

学業不振があります。児童生徒は起きている時間のほとんどを学校で過ごすことになるため，学校での成績の良し悪しは生活感情に大きく影響すると考えられます。

学業不振の原因として，学習習慣が身についていないこと，学習に価値を置いていない家庭環境，友だちができず学校にいても落ち着かないこと，いつも成績が悪く学習性無力感を身につけてしまっていることなどが考えられます。そうしたことを念頭に置いて，学業不振を招いている個別の事情を検討し，支援していくことが大切となります。

学習活動に大きな影響をもつものとしてワーキングメモリがあります。これは，記憶の分類としては短期記憶に該当し，短期記憶がもつ重要な機能に着目する際に用いられる概念です。つまり，ワーキングメモリとは，何らかの認知課題を遂行中に必要となる記憶の働きを指す，機能的概念です（藤永，2013）。いわば，頭の中に情報を保持しながら何らかの課題遂行のために情報を処理する能力のことです。たとえば，作業の手順についての指示や注意事項を忘れて作業を行い，間違ったことをしてしまうような場合は，ワーキングメモリがうまく機能していないことが疑われます。

ワーキングメモリは，国語や算数などの成績と関係することから，学習能力の基礎となっているとみなすことができます（アロウェイとアロウェイ，2010；ケインたち，2004；ラグバーたち，2010）。たとえば，アロウェイたち（2009）は，5歳から11歳の子どもを対象とした調査に基づき，言語性ワーキングメモリの小さい子は学力も低いことを報告しています。学業不振には，このようなワーキングメモリの容量が関係していることがあります。

ギャザコールとアロウェイ（2008）は，学業不振とワーキングメモリの関係について，コラム12-3のように述べています。また，湯澤たち（2013）は，小学1年生を対象とした調査により，ワーキングメモリの小さい子の授業態度には表12-7のような特徴がみられることを見出しています。このような授業態度になる理由として，授業中の活動は複数の作業の組合せから構成されるために過剰な負荷がかかり，ワーキングメモリの小さい子にとってその負荷への対応が困難となることが考えられます（アロウェイたち，2009；水口・湯澤，

コラム12-3　ワーキングメモリ容量の少ない子ども

　「ワーキングメモリ容量の少ない子どもが学習上の困難を抱えるのは，そういった子どもたちが多くの学習状況が求めるワーキングメモリの負荷に対処することができないからです。その結果，彼らのワーキングメモリがいっぱいになってしまい，書こうとしている文や，従う必要のある一連の指示などの，今行なっている活動を導くための重要な情報が失われてしまいます。」

（ギャザコールとアロウェイ　湯澤正通・湯澤美紀（訳）『ワーキングメモリと学習指導』北大路書房）

表 12-7　ワーキングメモリの小さい子の授業態度

①積極的に挙手をしない。
②課題や教材に対する教師の説明や他児の発表をあまり聞かない。
③集中力が持続しない。

2020；湯澤たち，2013）。

　このようなワーキングメモリに弱点を抱える児童・生徒に対する支援方法について，湯澤（2019）は表12-8のように4つに整理しています。

表12-8　ワーキングメモリに弱点を抱える児童・生徒に対する支援方法
（湯澤，2019より作成）

---

①情報の整理
情報の構造を簡潔に提示したり（例：授業の冒頭で学習目標を板書），情報を聴覚的・視空間的側面から多重に提示したりする（例：教科書○ページを開くよう口頭で指示すると同時に板書する）。
②情報の最適化
情報の細分化（例：情報を短く区切る），スモールステップ（例：学習過程を細かいステップに区切る，指示を短くする），情報の統合（例：学習した内容のまとめを適宜板書），時間のコントロール（例：様子を見ながらかける時間設定を調整）など。
③記憶のサポート
記憶方略の活用（例：音声リハーサルなど，覚えやすいように工夫する），長期記憶の活用（例：前回の授業内容を振り返り，新たな学習内容をすでにもっている知識に関連づける），補助教材の活用（IT機器などの道具を活用する）など。
④注意のコントロール
選択的注意（例：「はい，聞きましょう」といったん注目を集めてから指示を出す），自己制御（自分自身の理解度や進度のモニタリングを促し，メタ認知を活用しながら学習に自ら取り組めるように支援する）など。

引 用 文 献

第 1 章

柏木 惠子（2003）．家族心理学——社会変動・発達・ジェンダーの視点—— 東京大学出版会

日本家族心理学会（監修）岡堂 哲雄・国谷 誠朗・長谷川 浩・花沢 成一・平木 典子・亀口 憲治・大熊 保彦（編）（1999）．家族心理学事典 金子書房

岡堂 哲雄（1991）．家族心理学講義 金子書房

岡堂 哲雄（1999a）．まえがき 日本家族心理学会（監修）岡堂 哲雄・国谷 誠朗・長谷川 浩・花沢 成一・平木 典子・亀口 憲治・大熊 保彦（編）家族心理学事典 金子書房

岡堂 哲雄（1999b）．家族心理学の課題と方法 岡堂 哲雄（編）家族心理学入門 補訂版（pp.1-11） 培風館

詫摩 武俊・依田 明（編著）（1972）．家族心理学——現代家族への多彩な接近—— 川島書店

第 2 章

Beavers, W. R., & Hampson, R. B.（1990）. *Successful families: Assessment and intervention*. New York: W. W. Norton.

Beavers, R., & Hampson, R. B.（2000）. The Beavers Systems Model of Family Functioning. *Journal of Family Therapy*, *22*, 128-143.

Beavers, W. R., & Voeller, M. N.（1983）. Family models: Comparing and contrasting the Olson circumplex model with the Beavers systems model. *Family Process*, *22*, 85-98.

Cumsille, P. E., & Epstein, N.（1994）. Family cohesion, family adaptability, social support, and adolescent depressive symptoms in outpatient clinic families. *Journal of Family Psychology*, *8*, 202-214.

Epstein, N. B., Baldwin, L. M., & Bishop, D. S.（1983）. The McMaster Family Assessment Device. *Journal of Marital and Family Therapy*, *9*, 171-180.

Epstein, N. B., Bishop, D. S., & Levin, S.（1978）. The McMaster Model of Family Functioning. *Journal of Marriage and Family Counseling*, *4*, 19-31.

Epstein, N. B., Bishop, D., Ryan, C., Miller, I., & Keitner, G. I.（1993）. The McMaster Model: View of healthy family functioning. In F. Walsh（Ed.）, *Normal family processes*（2nd ed., pp.138-160）. New York/London: The Guilford Press.

柏木 惠子（2003）．家族心理学——社会変動・発達・ジェンダーの視点—— 東京大学出版会

森岡 清美（2000）．社会変動と家族の発達・個人の発達 日本発達心理学会第 11 回大会シンポジウム

岡堂 哲雄（1999）．家族心理学の課題と方法 岡堂 哲雄（編）家族心理学入門 補訂版（pp.1-11） 培風館

Olson, D. H., Russell, C. S., & Sprenkle, D. H.（1983）. Circumplex model of marital and family systems: Ⅳ. Theoretical update. *Family Process*, *22*, 69-83.

Olson, D. H., Sprenkle, D. H., & Russell, C. S.（1979）. Circumplex model of marital and family systems: I. Cohesion and adaptability dimensions, family types, and clinical applications. *Family Process*, *18*, 3-28.

佐藤 和夫 (1996). 「親密圏」としての家族の矛盾 女性学研究会 (編) 女性がつくる家族 女性学研究 4 (pp.112-130) 勁草書房

第3章

Amato, P. R., & Afifi, T. D. (2006). Feeling caught between parents: Adults children's relations with parents and subjective well-being. *Journal of Marriage and Family*, *68*, 222-235.

榎本 博明 (2021). はじめてふれる心理学 第3版 サイエンス社

Glick, I. D., & Kessler, D. R. (1980). *Marital and family therapy* (2nd ed.). New York: Grune & Stratton.
(グリック, I. D.・ケスラー, D. R. 鈴木 浩二 (訳) (1983). 夫婦家族療法 誠信書房)

Haley, J. (1976). *Problem-solving therapy: New strategies for effective family therapy*. San Francisco, CA: Jossey-Bass.
(ヘイリィ, J. 佐藤 悦子 (訳) (1985). 家族療法——問題解決の戦略と実際—— 川島書店)

平木 典子 (1999). 家族の心理構造 岡堂 哲雄 (編) 家族心理学入門 補訂版 (pp.13-23) 培風館

廣瀬 愛希子・濱口 佳和 (2021). 両親関係の情緒的安定性が青年の適応に与える影響——日本語版 SIS の作成を通して—— 心理学研究, *92*, 129-139.

亀口 憲治 (1999). 家族の心理過程 岡堂哲雄 (編) 家族心理学入門 補訂版 (pp.1-11) 培風館

川島 亜紀子・眞榮城 和美・菅原 ますみ・酒井 厚・伊藤 教子 (2008). 両親の夫婦間葛藤に対する青年期の子どもの認知と抑うつとの関連 教育心理学研究, *56*, 353-363.

国谷 誠朗 (1983). システム論的アプローチによる家族療法——その展望と日本での実施の試み—— 日本家族心理学研究会 (編) 家族臨床心理の展望 家族心理学年報 1 (pp.53-55) 金子書房

Minuchin, S. (1974). *Families and family therapy*. Cambridge, MA: Harvard University Press.
(ミニューチン, S. 山根 常男 (監訳) (1984). 家族と家族療法 誠信書房)

西村 智代・亀口 憲治 (1991). 家族成員間のパワー及びコミュニケーション・パターンからみた家族システムの変化——「物語創作場面」の分析を通して—— 家族心理学研究, *5*, 109-119.

山本 倫子・伊藤 裕子 (2012). 青年期の子どもが認知した夫婦間葛藤と精神的健康との関連 家族心理学研究, *26*, 83-94.

遊佐 安一郎 (1984). 家族療法入門——システムズ・アプローチの理論と実際—— 星和書店

第4章

廣嶋 清志 (2000). 近年の合計出生率低下の要因分解——夫婦出生率は寄与していないか？ —— 人口学研究, *26*, 1-20.

岩澤 美帆 (2008). 初婚・離婚の動向と出生率への影響 人口問題研究, *64*, 19-34.

引 用 文 献

鎌田 健司 (2012). 結婚相手に求める条件 国立社会保障・人口問題研究所 平成22年第14回出生動向基本調査（結婚と出産に関する全国調査）第Ⅱ報告書——わが国独身層の結婚観と家族観——(pp.68-73) 国立社会保障・人口問題研究所

鹿又 伸夫 (2012). 結婚・配偶者と就業所得——結婚プレミアムと結婚ペナルティ—— 三田社会学, *17*, 61-78.

柏木 惠子 (2013). おとなが育つ条件——発達心理学から考える—— 岩波書店

国立社会保障・人口問題研究所 (2023). 現代日本の結婚と出産——第16回出生動向基本調査（独身者調査ならびに夫婦調査）報告書—— 国立社会保障・人口問題研究所

国立社会保障・人口問題研究所 出生動向基本調査（結婚と出産に関する全国調査）国立社会保障・人口問題研究所 Retrieved from https://www.ipss.go.jp/site-ad/index_Japanese/shussho-index.html

厚生労働省（編）(2023). 令和5年版厚生労働白書 日経印刷

桧永 佳甫 (2019). 日本人の未婚化とソーシャル・キャピタル 大阪商業大学論集, *15*, 129-150.

明治安田生命生活福祉研究所 第8回結婚・出産に関する調査, 2014

内閣府男女共同参画局 (2022). 令和3年度 人生100年時代における結婚・仕事・収入に関する調査報告書 内閣府男女共同参画局 Retrieved from https://www.gender.go.jp/research/kenkyu/hyakunen_r03.html

永瀬 圭 (2016). 男性の配偶者選択の基準に関する分析——社会経済的地位に注目して—— 京都社会学年報, *24*, 95-108.

中村 真由美 (2007). 結婚の際に男性に求められる資質の変化——対人関係能力の結婚との関係—— 永井 暁子・松田 茂樹（編）対等な夫婦は幸せか 勁草書房

NHK放送文化研究所 (2018). 日本人の意識1973-2018 NHK放送文化研究所 Retrieved from https://www.nhk.or.jp/bunken/yoron-isiki/nihonzin/

大風 薫 (2022). 現代日本における未婚化・晩婚化の実態および研究の現状と課題 生活環境研究, *5*, 11-20.

千田 有紀 (2011). 日本型近代家族——どこから来てどこへ行くのか—— 勁草書房

白波瀬 佐和子 (2008). 少子化社会における階層結合としての結婚——これからの社会階層論を探る—— 高田 洋（編）2005年SSM調査シリーズ2 階層・階級構造と地位達成 (pp.63-81) 2005年SSM調査研究会

Skopek, J., Schulz, F., & Blossfeld, H-P. (2011). Who contacts whom? Educational homophily in online mate selection. *European Sociological Review, 27*, 180-195.

橘木 俊詔・迫田 さやか (2013). 夫婦格差社会——二極化する結婚のかたち—— 中央公論新社

太郎丸 博 (2011). 若年非正規雇用と結婚 佐藤 嘉倫・尾嶋 史章（編）現代の階層社会1 ——格差と多様性—— (pp.131-142) 東京大学出版会

吉川 徹 (2009). 学歴分断社会 筑摩書房

第5章

Belle, D. (1982). The stress of caring: Women as providers of social support. In L. Goldberger, & S. Breznitz (Eds.), *Handbook of stress: Theoretical and clinical aspects* (pp.496-505).

New York: Free Press.

Coyne, J. C., & Smith, D. A. (1991). Couples coping with a myocardial infarction: A contextual perspective on wives' distress. *Journal of Personality and Social Psychology*, *61*, 404-412.

Coyne, J. C., & Smith, D. A. F. (1994). Couples coping with a myocardial infarction: Contextual perspective on patient self-efficacy. *Journal of Family Psychology*, *8*, 43-54.

榎本 博明 (2023). 60歳からめきめき元気になる人――「退職不安」を吹き飛ばす秘訣―― 朝日新聞出版

Haley, J. (1976). *Problem-solving therapy*. San Francisco, CA: Jossey-Bass.
(ヘイリィ, J. 佐藤 悦子 (訳) (1985). 家族療法――問題解決の戦略と実際―― 川島書店)

平山 順子・柏木 惠子 (2001). 中年期夫婦のコミュニケーション態度――夫と妻は異なるのか?―― 発達心理学研究, *12*, 216-227.

堀口 美智子 (2000). 「親への移行期」における夫婦関係――妊娠期夫婦と出産後夫婦の夫婦関係満足度の比較を中心に―― 生活社会科学研究, *7*, 81-95.

堀口 美智子 (2002). 第1子誕生前後における夫婦関係満足度――妻と夫の差異に注目して―― 家族関係学, *21*, 139-151.

稲葉 昭英 (2002). 結婚とディストレス 社会学評論, *53* (2), 69-84.

稲葉 昭英 (2004). 夫婦関係の発達的変化 渡辺 秀樹・稲葉 昭英・嶋崎 尚子 (編) 現代家族の構造と変容――全国家族調査 (NFRJ98) による計量分析―― (pp.261-276) 東京大学出版会

井上 清美 (2001). 家族内部における孤独感と個人化傾向――中年期夫婦に対する調査データから―― 家族社会学研究, *12*, 237-246.

伊藤 裕子 (2015). 夫婦関係における親密性の様相 発達心理学研究, *26*, 279-287.

伊藤 裕子・池田 政子・相良 順子 (2014). 夫婦関係と心理的適応――子育て期から高齢期まで―― ナカニシヤ出版

伊藤 裕子・相良 順子 (2010). 中年期から高齢期における夫婦の役割意識――個別化の視点から―― 文京学院大学人間学部研究紀要, *12*, 163-176.

伊藤 裕子・相良 順子 (2012). 愛情尺度の作成と信頼性・妥当性の検討――中高年期夫婦を対象に―― 心理学研究, *83*, 211-216.

伊藤 裕子・相良 順子・池田 政子 (2006). 夫婦のコミュニケーションと関係満足度, 心理的健康の関連――子育て期のペア・データの分析―― 聖徳大学家族問題相談センター紀要, *4*, 51-61.

伊藤 裕子・相良 順子・池田 政子 (2007). 夫婦のコミュニケーションが関係満足度に及ぼす影響――自己開示を中心に―― 文京学院大学人間学部研究紀要, *9*, 1-15.

伊藤 裕子・下仲 順子・相良 順子 (2009). 中高年期における夫婦の関係と心理的健康――世代比較を中心に―― 文京学院大学総合研究所紀要, *10*, 191-204.

柏木 惠子 (2013). おとなが育つ条件――発達心理学から考える―― 岩波書店

柏木 惠子・数井 みゆき・大野 祥子 (1996). 結婚・家族観の変動に関する研究 (1) 日本発達心理学会第7回大会発表論文集, 240.

Kurdek, L. A. (1999). The nature and predictors of the trajectory of change in marital quality

引用文献　　233

for husbands and wives over the first 10 years of marriage. *Developmental Psychology*, *35*, 1283-1296.

黒澤　泰・加藤　道代（2013）．夫婦間ストレス場面における関係焦点型コーピング尺度作成の試み　発達心理学研究, *24*, 66-76.

Levinson, D. J.（1978）．*The seasons of a man's life*. New York: Knopf.
（レビンソン, D. 南 博（訳）（1992）．ライフサイクルの心理学（上）　講談社）

森田 千穂・渡邊 典子（2022）．育児期における夫婦間のコミュニケーション態度の様相——1歳6か月児・3歳児を育てる夫婦に着目して——　新潟青陵学会誌, *15*（2），13-23.

長津 美代子（2007）．中年期における夫婦関係の研究——個人化・個別化・統合の視点から——　日本評論社

内閣府男女共同参画局（2022）．令和3年度　人生100年時代における結婚・仕事・収入に関する調査報告書　内閣府男女共同参画局　Retrieved from https://www.gender.go.jp/research/kenkyu/hyakunen_r03.html

O'Brien, T. B., DeLongis, A., Pomaki, G., Puterman, E., & Zwicker, A.（2009）．Couples coping with stress: The role of empathic responding. *European Psychologist*, *14*, 18-28.

岡村 清子（2001）．いま団塊夫婦は…——どこからどこへ——　天野 正子（編著）団塊世代・新論——〈関係的自立〉をひらく——（pp.10-30）　有信堂高文社

大野 祥子・数井 みゆき・柏木 惠子（1996）．結婚・家族観の変動に関する研究（4）——夫婦関係の満足度と家族に関する価値観の変化——　日本教育心理学会第38回総会発表論文集, 41.

佐藤 悦子（1999）．夫婦関係の心理　岡堂 哲雄（編）家族心理学入門　補訂版（pp.35-44）培風館

菅原 ますみ・詫摩 紀子（1997）．夫婦間の親密性の評価——自記入式夫婦関係尺度について——　精神科診断学, *8*, 155-166.

宇都宮 博（2004）．高齢期の夫婦関係に関する発達心理学的研究　風間書房

VanLaningham, J., Johnson, D. R., & Amato, P.（2001）．Marital happiness, marital duration, and the U-shaped curve: Evidence from a five-wave panel study. *Social Forces*, *79*, 1313-1341.

藪垣 将・渡辺 美穂・田川 薫（2015）．中年期における夫婦関係満足度および諸変数の関連——多母集団同時分析によるJGSS-2006の検討——　家族心理学研究, *29*, 51-63.

吉田 直樹・津田 彰（2007）．夫婦の心理的満足度と相互のコミュニケーションスタイル, 情報量, 役割一致度　久留米大学心理学研究, *6*, 21-26.

第6章

Aldous, J., & Mulligan, G. M.（2002）．Fathers' child care and children's behavior problems: A longitudinal study. *Journal of Family Issues*, *23*, 624-647.

東 俊一（2008）．子育てサークルが母親に及ぼす効果　ノートルダム清心女子大学紀要　生活経営学・児童学・食品栄養学編, *32*, 99-107.

Call, M. J.（1999）．Transgenerational attachment, life stress, and the development of disruptive behavior in preschool children. *Dissertation Abstracts International: Section B: The Sciences and Engineering*, *60*（4-B）, 1884.

Chibucos, T. R., & Kail, P. R.（1981）．Longitudinal examination of father-infant interaction and infant-father attachment. *Merrill-Palmer Quarterly, 27*, 81-96.

Cohen, R. S., Cohler, B. J., & Weissman, S. H.（1984）．*Parenthood: A psychodynamic perspective.* New York: The Guilford Press.

Crnic, K. A., Gaze, C., & Hoffman, C.（2005）．Cumulative parenting stress across the preschool period: Relations to maternal parenting and child behavior at age 5. *Infant and Child Development, 14*, 117-132.

Crockenberg, S. B.（1981）．Infant irritability, mother responsiveness and social support influences on the security of infant-mother attachment. *Child Development, 3*, 857-865.

第一生命経済研究所（2014）．父親の子育てに関する調査——30代・40代の父親の子育て状況と母親の意識—— 第一生命経済研究所 Retrieved from https://www.dlri.co.jp/report/ld/01-14/news1404_1.html

Dweck, C. S.（1986）．Motivational processes affecting learning. *American Psychologist, 41*, 1040-1048.

Dweck, C. S.（2012）．Implicit theories. In P. A. M. Van Lange, A. W. Kruglanski, & E. T. Higgins （Eds.）, *Handbook of theories of social psychology.* Vol. 2（pp.43-61）．Thousand Oaks, CA: Sage.

Easterbrooks, M. A., & Goldberg, W. A.（1984）．Toddler development in the family: Impact of father involvement and parenting characteristics. *Child Development, 7*, 740-752.

榎本 博明（1995）．日本人の自然観：自然を客体視できない心性について——文学史的観点を中心に—— 環境教育, *4*, 2-13.

榎本 博明（1997）．環境教育教材としての環境倫理質問票に対する大学生の反応 環境教育, *6*, 31-40.

榎本 博明（2006）．子育てストレスに影響する諸要因 日本教育心理学会第48回総会発表論文集, 668.

Flouri, E., & Buchanan, A.（2003）．The role of father involvement in children's later mental health. *Journal of Adolescence, 26*, 63-78.

Flouri, E., & Buchanan, A.（2004）．Early father's and mother's involvement and child's later educational outcomes. *British Journal of Educational Psychology, 74*, 141-153.

Franders, J. L., Leo, V., Paquette, D., Pihl, R. O., & Séguin, J. R.（2009）．Rough-and-tumble play and the regulation of aggression: An observational study of father-child play dyads. *Aggressive Behavior, 35*, 285-295.

二見 雪奈・荒牧 草平（2020）．母親の育児不安に対する育児ネットワークの多様な効果——支援機能と参照機能の違いに着目して—— 日本女子大学紀要 人間社会学部, *31*, 37-50.

日野 紗穂・葉久 真理・近藤 彩（2021）．子育てをする父親の育児不安の実態と背景要因の探索 四国医学雑誌, *77*, 229-242.

平山 聡子（2001）．中学生の精神的健康とその父親の家庭関与との関連——父母評定の一致度からの検討—— 発達心理学研究, *12*, 99-109.

本田 真大・本田 泰代（2024）．幼児を育てる母親の抑うつ症状と子育てに関する援助要請抵抗感の関連 発達心理学研究, *35*, 93-100.

細田 絢・田嶌 誠一（2009）．中学生におけるソーシャルサポートと自他への肯定感に関する研究　教育心理学研究, *57*, 309-323.

Ishii-Kuntz, M.（1998）．Fathers' involvement and children's social network: A comparison between Japan and the United States. *Journal of Family Education Research Institute*, *20*, 5-16.

石井クンツ 昌子（2013）．「育メン」現象の社会学——育児・子育て参加への希望を叶えるために——　ミネルヴァ書房

神宮 舞香・久保田 隆子（2022）．生後1ヶ月の児をもつ父親の育児不安要因の検討——初産と経産の比較——　桐生大学紀要, *33*, 33-41.

柏木 惠子（2001）．子どもという価値——少子化時代の女性の心理——　中央公論新社

柏木 惠子（編著）（1993）．父親の発達心理学——父性の現在とその周辺——　川島書店

柏木 惠子・加藤 邦子（2016）．育児不安を考える——ライフコースの激変とアイデンティティの揺らぎ——　柏木 惠子・高橋 惠子（編）人口の心理学へ——少子高齢社会の命と心——（pp.125-143）　ちとせプレス

柏木 惠子・永久 ひさ子（1999）．女性における子どもの価値——今，なぜ子を産むか——　教育心理学研究, *47*, 170-179.

柏木 惠子・若松 素子（1994）．「親となる」ことによる人格発達——生涯発達的視点から親を研究する試み——　発達心理学研究, *5*, 72-83.

加藤 邦子・石井クンツ 昌子・牧野 カツコ・土谷 みち子（2002）．父親の育児かかわり及び母親の育児不安が3歳児の社会性に及ぼす影響——社会的背景の異なる2つのコホート比較から——　発達心理学研究, *13*, 30-41.

木田 淳子（1981）．父親の育児参与と幼児の発達に関する調査研究——共働き家族を対象に——　滋賀大学教育学部紀要 人文科学・社会科学・教育科学, *31*, 79-97.

金 娟鏡（2007）．母親を取り巻く「育児ネットワーク」の機能に関するPAC（Personal Attitude Construct）分析　保育学研究, *45*, 135-145.

小林 佐知子（2009）．乳児をもつ母親の抑うつ傾向と夫からのサポートおよびストレスへのコントロール可能性との関連　発達心理学研究, *20*, 189-197.

甲南大学人間科学研究所第2期子育て研究会（2007）．「第2回　子育て環境と子どもに対する意識調査」報告書　甲南大学人間科学研究所第2期子育て研究会

Lamb, M. E.（1975）．*The relationships between infants and their mothers and fathers*（Unpublished doctoral dissertation）. Yale University.

Lamb, M. E.（2002）．Infant-father attachments and their impact on child development. In C. Tamis-LeMonda, & N. Cabrera（Eds.）, *Handbook of father involvement: Multidisciplinary perspectives*（pp.93-117）. Mahwah, NJ: Erlbaum.

Lamb, M. E.（Ed.）.（1976）. *The role of the father in child development*. Monterey, CA: Brooks-Cole.（ラム，M. E.（編著）久米 稔・服部 広子・小関 賢・三島 正英（訳）（1981）．父親の役割——乳幼児発達とのかかわり——　家政教育社）

Lamb, M. E., & Sagi, A.（1983）．*Fatherhood and family policy*. New York: Lawrence Erlbaum Associates.

牧野 カツコ（1982）．乳幼児をもつ母親の生活と〈育児不安〉　家庭教育研究所紀要, *3*, 34-56.

牧野 カツコ（1987）．乳幼児をもつ母親の学習活動への参加と育児不安　家庭教育研究所紀要，*9*，1-13．

牧野 カツコ（1988）．〈育児不安〉の概念とその影響要因についての再検討　家庭教育研究所紀要，*10*，23-31．

牧野 カツコ（1993）．育児不安　森岡 清美・塩原 勉・本間 康平（編集代表）新社会学辞典（p.36）　有斐閣

牧野 カツコ・中野 由美子・柏木 惠子（編）（1996）．子どもの発達と父親の役割　ミネルヴァ書房

松田 茂樹（2001）．育児ネットワークの構造と母親の Well-Being　社会学評論，*52*，33-49．

松田 茂樹（2008）．何が育児を支えるのか──中庸なネットワークの強さ──　勁草書房

McBride, B. A., Dyer, W. J., Liu, Y., Brown, G. L., & Hong, S.（2009）. The differential impact of early father and mother involvement on later student achievement. *Journal of Educational Psychology, 101*, 498-508.

永井 智（2012）．中学生における援助要請意図に関連する要因──援助要請対象，悩み，抑うつを中心として──　健康心理学研究，*25*，83-92．

永井 智・松田 侑子（2014）．ソーシャルスキルおよび対人的自己効力感が小学生における援助要請に与える影響の検討　カウンセリング研究，*47*，147-158．

永井 智・鈴木 真吾（2018）．大学生の援助要請意図に対する利益とコストの予期の影響　教育心理学研究，*66*，150-161．

内閣府（2021）．令和 2 年度少子化社会に関する国際意識調査報告書

中野 由美子（1992）．3 歳児の発達と父子関係　家庭教育研究所紀要，*14*，124-129．

中野 由美子（1996）．はじめの 3 年間の子どもの発達と父子関係　牧野 カツコ・中野 由美子・柏木 惠子（編）（1996）．子どもの発達と父親の役割（pp.31-49）　ミネルヴァ書房

尾形 和男（1995）．父親の育児と幼児の社会生活能力──共働き家庭と専業主婦家庭の比較──　教育心理学研究，*43*，335-342．

尾形 和男（編著）（2011）．父親の心理学　北大路書房

尾形 和男・宮下 一博（1999）．父親の協力的関わりと母親のストレス，子どもの社会性発達および父親の成長　家族心理学研究，*13*，87-102．

尾形 和男・宮下 一博（2000）．父親の協力的関わりと子どもの共感性および父親の自我同一性──家族機能も含めた検討──　家族心理学研究，*14*，15-27．

尾形 和男・宮下 一博（2003）．母親の養育行動に及ぼす要因の検討──父親の協力的関わりに基づく夫婦関係，母親のストレスを中心にして──　千葉大学教育学部研究紀要，*50*，5-15．

Paquette, D.（2004）. Theorizing the father-child relationship: Mechanisms and developmental outcomes. *Human Development, 47*, 193-219.

Park, D., & Kim, S.（2015）. Time to move on? When entity theorists perform better than incremental theorists. *Personality and Social Psychology Bulletin, 41*, 736-748.

Parke, R. D.（1979）. Perspectives on father-infant interaction. In J. Osofsky（Ed.）, *Handbook of infant development*（pp.549-590）. New York:Wiley.

Parke, R. D.（1996）. *Fatherhood*. Cambridge, MA: Harvard University Press.

Pedersen, F. A.（1980）. *The father-infant relationships: Observational studies in the family setting.* New York: Praeger.

Reeb, B. T., & Conger, K. J.（2009）. The unique effect of paternal depressive symptoms on adolescent functioning: Associations with gender and father-adolescent relationship closeness. *Journal of Family Psychology, 23,* 758-761.

石 晓玲・桂田 恵美子（2008）. 幼児の情緒的・行動的問題に関わる諸要因——母親の育児不安と早期保育および子どもの生活状態からの検討—— 家族心理学研究, *22,* 129-140.

石 晓玲・桂田 恵美子（2013）. 保育児を持つ母親のディストレスとソーシャルサポートとの関係——育児不安と精神的健康度に焦点を当てて—— 家族心理学研究, *27,* 44-56.

Shulman, S., & Seiffge-Krenke, I.（1997）. *Fathers and adolescents: Developmental and clinical perspectives.* London: Routledge.

Shutay, J. C.（2001）. Developing a profile for adolescent male and female parents as a function of demographic and individual characteristics: A comparison of mothers and fathers. *Dissertation Abstracts International: Section B: The Sciences and Engineering, 62*（1-B）, 142.

高石 恭子（2007）. 現代女性の母性観と子育て意識の二重性 高石 恭子（編）育てることの困難（pp.169-192） 人文書院

竹橋 洋毅・高 史明・尾崎 由佳（2021）. 小中学生の子どもをもつ親の暗黙理論と子育てストレスの関係 心理学研究, *91,* 388-397.

田中 佑子・中澤 潤・中澤 小百合（1996）. 父親の不在が母親の心理的ストレスに及ぼす影響——単身赴任と帯同赴任の比較—— 教育心理学研究, *44,* 156-165.

徳満 敬大・菅原 典夫・鈴木 利人・古郡 規雄・下田 和孝（2023）. 国内における男女の周産期うつ病の有病割合——国内初のメタアナリシスの結果から—— 精神神経学雑誌, *125,* 613-622.

山極 寿一（1998）. 家族の自然誌——初期人類の父親像—— 比較家族史学会（監修）黒柳 晴夫・山本 正和・若尾 祐司（編）父親と家族——父性を問う——（pp.3-41） 早稲田大学出版部

山極 寿一（2015）. 父という余分なもの——サルに探る文明の起源—— 新潮社

第 7 章

Adams, R. E., & Laursen, B.（2007）. The correlates of conflict: Disagreement is not necessarily detrimental. *Journal of Family Psychology, 21,* 445-458.

Ainsworth, M. D. S., Blehar, M. C., Waters, E., & Wall, S.（1978）. *Patterns of attachment: A psychological study of strange situation.* Hillsdale, NJ: Erlbaum.

安藤 寿康（2009）. 生命現象としてのパーソナリティ 榎本 博明・安藤 寿康・堀毛 一也 パーソナリティ心理学——人間科学・自然科学・社会科学のクロスロード——（pp.111-133） 有斐閣

東 洋（1994）. 日本人のしつけと教育——発達の日米比較にもとづいて—— 東京大学出版会

東 洋・柏木 惠子（1980）. 母親の態度・行動と子どもの知的発達に関する日米比較研究〈概要〉

馬場 謙一（1984）．父とは何か——精神分析からみた父親—— 馬場 謙一・福島 章・小川 捷之・山中 康裕（編）父親の深層（pp.1-32）有斐閣

Baumrind, D.（1967）. Child care practices anteceding three patterns of preschool behavior. *Genetic Psychology Monographs*, *75*, 43-88.

Baumrind, D.（1980）. New directions in socialization research. *American Psychologist*, *35*, 639-652.

Bell, R. Q.（1968）, A reinterpretation of the direction of effect in studies of socialization. *Psychological Review*, *75*, 81-95.

Bowlby, J.（1969/1982）. Attachment and loss. Vol.1. *Attachment*. New York: Basic Books.
（ボウルビィ，J. 黒田 実郎・大羽 蓁・岡田 洋子・黒田 聖一（訳）（1991）．新版 母子関係の理論 I ——愛着行動—— 岩崎学術出版社）

Bowlby, J.（1973）. *Attachment and loss*. Vol.2. *Seperation: Anxiety anger*. New York: Basic Books.

Bowlby, J.（1980）. *Attachment and loss*. Vol.3. *Loss, sadness, and depression*. New York: Basic Books.

Brazelton, T. B.（1973）. *Neonatal Behavioral Assessment Scale*. Philadelphia, PA: J. P. Lippincott.
（ブラゼルトン，T. B. 鈴木 良平（監訳）（1979）．ブラゼルトン 新生児行動評価 医歯薬出版）

Campos, J. J., Campos, R. G., & Barrett, K. C.（1989）. Emergent themes in the study of emotional development and emotion regulation. *Developmental Psychology*, *25*, 394-402.

Chen, X., Liu, M., & Li, D.（2000）. Parental warmth, control, and indulgence and their relations to adjustment in Chinese children: A longitudinal study. *Journal of Family Psycholigy*, *14*, 401-419.

Coopersmith, S.（1968）. Studies in self-esteem. *Scientific American*, *218*, 96-107.
（クーパースミス，S. 岡本 奎六（訳）（1972）．自尊心の形成と家庭環境 別冊サイエンス，*1*, 113-120.）

Damon, W.（1983）. *Social and personality development*. New York: W. W. Norton.
（デーモン，W. 山本 多喜司（編訳）（1990）．社会性と人格の発達心理学 北大路書房）

遠藤 利彦（1992）．内的作業モデルと愛着の世代間伝達 東京大学教育学部紀要，*32*, 203-220.

榎本 博明（2022）．イクメンの罠 新潮社

Grossmann, K. E., Grossmann, K., Huber, F., & Wartner, U.（1981）. German children's behavior towards their mothers at 12 months and their fathers at 18 months in Ainsworth's Strange Situation. *International Journal of Behavioral Development*, *4*, 157-181.

萩臺 美紀・若島 孔文（2020）．母親による子どもの父親イメージの構成に関する研究——家族内の直接的コミュニケーションとの比較から—— 家族心理学研究，*34*, 40-54.

花嶋 裕久（2007）．男性のひきこもり者から見た父子関係と父親から見た父子関係——ひきこもりの家族における父—息子関係の諸特徴—— 家族心理学研究，*21*, 77-94.

繁多 進（1987）．愛着の発達——母と子の心の結びつき—— 大日本図書

林 歩（2005）．自我機能の視点からみた母親の分離不安尺度の構成 心理臨床学研究，*23*,

54-63.

平石 賢二（2006）．親の養育態度と青年の育ち　白井 利明（編）よくわかる青年心理学（pp.80-81）　ミネルヴァ書房

平田 裕美（2018）．父親・母親の養育スタイルに関する大学生の回想とアイデンティティ形成　心理学研究, *89*, 221-228.

Hirata, H., & Kamakura, T.（2018）. The effects of parenting styles on each personal growth initiative and self-esteem among Japanese university students. *International Journal of Adolescence and Youth, 23*, 325-333.

金政 祐司（2007）．青年・成人期の愛着スタイルの世代間伝達――愛着は繰り返されるのか――　心理学研究, *78*, 398-406.

柏木 惠子（2001）．子どもという価値――少子化時代の女性の心理――　中央公論新社

北川 恵（2013）．アタッチメント理論に基づく親子関係支援の基礎と臨床の橋渡し　発達心理学研究, *24*, 439-448.

Korner, A. F.（1974）. The effect of the infant's state, level of arousal, sex, and ontogenetic stage on the caregiver. In M. Lewis, & L. A. Rosenblum（Eds.）, *The effect of the infant on its caregiver.* New York: Wiley.

古澤 頼雄（1996）．思いやる心――感性と愛他行動の発達――　柏木 惠子・古澤 頼雄・宮下 孝広　発達心理学への招待――こころの世界を開く30の扉――　ミネルヴァ書房

Maccoby, E. E., & Martin, J. A.（1983）. Socialization in the context of the family: Parent-child interaction. In P. H. Mussen, & E. M. Hetherington（Eds.）, *Handbook of child psychology.* Vol.4. *Socialization, personality, and social development*（4th ed., pp.1-101）. New York: Wiley.

Main, M., & Solomon, J.（1990）. Procedures for identifying infants as disorganized/disoriented during the Ainsworth Strange Situation. In M. T. Greenberg, D. Cicchetti, & E. M. Cummings（Eds.）, *Attachment in the preschool years: Theory, research, and intervention*（pp.121-160）. Chicago, IL: University of Chicago Press.

三宅 和夫（1998）．乳幼児の社会的発達　小嶋 秀夫・三宅 和夫（編著）発達心理学（pp.61-72）　放送大学教育振興会

三宅 和夫（2004）．発達心理学研究50年の足跡――自己の歩みを振り返りつつ――　三宅 和夫・陳 省仁・氏家 達夫　「個の理解」をめざす発達研究（pp.57-93）　有斐閣

水本 深喜・高田 治樹・正木 澄江・池上 慎平（2017）．大学生親子ペアデータによる親離れ・子離れと関連要因の検討（2）――親と子の「親離れ」「子離れ」認知による自立的・肯定的親子関係認知の差――　日本教育心理学会第59回総会発表論文集, 604.

文部科学省委託研究（2001）．家庭の教育力再生に関する調査研究

森 茉莉（1993）．森茉莉全集1　父の帽子／濃灰色の魚　筑摩書房

本島 優子（2017）．母親の情動認知と乳児のアタッチメント安定性――縦断的検討――　発達心理学研究, *28*, 133-142.

根ヶ山 光一（2006）．〈子別れ〉としての子育て　日本放送出版協会

Robitschek, C.（1998）. Personal growth initiative: The construct and its measure. *Measurement and Evaluation in Counseling and Development, 30*, 183-198.

Robitschek, C., Ashton, M. W., Spering, C. C., Geiger, N., Byers, D., Schotts, G. C., & Thoen M. A.（2012）．Development and psychometric evaluation of the Personal Growth Initiative Scale-II. *Journal of Counseling Psychology, 59*, 274-287.

斎藤 環（2007）．「若者」を育てることの困難　高石 恭子（編）育てることの困難（pp.124-148）　人文書院

佐藤 宏治・佐々木 久長（2007）．児童からみた「母親の父親観」と「父親イメージや態度」──20年前との比較──　秋田大学医学部保健学科紀要，*15*，28-35．

Slicker, E. K., & Thornberry, I.（2002）．Older adolescent well-being and authoritative parenting. *Adolescent and Family Health, 3*, 9-19.

Spangler, G., Geserick, B., & von Wahlert, A.（2005）．Parental perception and interpretation of infant emotions: Psychological and physiological processes. *Infant and Child Development, 14*, 345-363.

Steinberg, L.（2001）．We know some thing: Parent-adolescent relationships in retrospect and prospect. *Journal of Research on Adolescence, 11*, 1-19.

高木 紀子・柏木 惠子（2000）．母親と娘の関係──夫との関係を中心に──　発達研究，*15*，79-94．

谷井 淳一・上地 安昭（1993）．中・高校生の親の自己評定による親役割診断尺度作成の試み　カウンセリング研究，*26*，113-122．

Tobin, J. J., Wu, D. Y. H., & Davidson, D. H.（1989）．*Preschool in three cultures: Japan, China, and the United States*. New Haven, CT: Yale University Press.

上野 永子（2008）．前青春期心性をもつ母親との面接過程──セラピストが chum として機能すること──　心理臨床学研究，*26*，302-313．

上野 永子（2010）．選択性緘黙症男児に対する同一セラピストによる母子並行面接過程──DW ウィニコット理論からの検討──　心理臨床学研究，*28*，631-642．

上野 永子（2012）．母親の幼少期における愛着パターンと子育ての関連　家族心理学研究，*26*，159-172．

山田 昌弘（1999）．パラサイト・シングルの時代　筑摩書房

第8章

Belsky, J., & Rovine, M.（1990）．Patterns of marital changes across the transition to parenthood: Pregnancy to three years postpartum. *Journal of Marriage and Family, 52*, 5-19.

Berger, R., & Hannah, M. T.（Eds.）．（1999）．*Preventive approaches in couples therapy*. Philadelphia PA: Brunner/Mazel.

Bouchard, G., Lussier, Y., & Sabourin, S.（1999）．Personality and marital adjustment: Utility of the Five-Factor model of personality. *Journal of Marriage and family, 61*, 651-660.

Carter, E. A., & McGoldrick, M.（Eds.）．（1980）．*The family life cycle: A framework for family therapy*. New York: Gardner Press.

榎本 博明（2006）．子育てストレスに影響する諸要因　日本教育心理学会第48回総会発表論文集，668．

榎本 博明（2015）．ほめると子どもはダメになる　新潮社

引用文献　　241

榎本 博明（2022）．イクメンの罠　新潮社

Haley, J. (1973). Uncommon therapy: The psychiatric techniques of Milton H. Erickson, M. D. New York: W. W. Norton.

長谷川 浩（1999）．空の巣症候群　日本家族心理学会（監修）岡堂 哲雄・国谷 誠朗・長谷川 浩・花沢 成一・平木 典子・亀口 憲治・大熊 保彦（編）家族心理学事典（p.79）金子書房

林 歩（2005）．自我機能の視点からみた母親の分離不安尺度の構成　心理臨床学研究, *23*, 54-63.

Hoffman, L. (1980). The family life cycle and discontinuous change. In Carter, E. A., & McGoldrick, M. (Eds.), *The family life cycle: A framework for family therapy* (pp.53-68). New York: Gardner Press.

Hughes, S. F., Berger, M., & Wright, L. (1978). The family life cycle and clinical intervention. *Journal of Marital and Family Therapy, 4*, 33-40.

小林 佐知子（2009）．乳児をもつ母親の抑うつ傾向と夫からのサポートおよびストレスへのコントロール可能性との関連　発達心理学研究, *20*, 189-197.

今野 義孝・吉川 延代（2014）．過去の両親と過去の自分に対するイメージが現在の精神的健康に及ぼす影響――過去の出来事の回想機能との関連――　家族心理学研究, *28*, 1-13.

Larsen, A. S., & Olson, D. H. (1989). Predicting marital satisfaction using PREPARE: A replication study. *Journal of Marital and Family Therapy, 15*, 311-322.

Lavee, Y., & Ben-Ari, A. (2004). Emotional expressiveness and neuroticizm: Do they predict marital quality? *Journal of Family Psychology, 18*, 620-627.

水本 深喜・高田 治樹・正木 澄江・池上 慎平（2017）．大学生親子ペアデータによる親離れ・子離れと関連要因の検討 (2)――親と子の「親離れ」「子離れ」認知による自立的・肯定的親子関係認知の差――　日本教育心理学会第 59 回総会発表論文集, 604.

尾形 和男（編著）（2011）．父親の心理学　北大路書房

岡堂 哲雄（1991）．家族心理学講義　金子書房

岡堂 哲雄（1999）．家族心理学の課題と方法　岡堂 哲雄（編）家族心理学入門　補訂版（pp.1-11）培風館

石 暁玲・桂田恵美子（2013）．保育児を持つ母親のディストレスとソーシャルサポートとの関係――育児不安と精神的健康度に焦点を当てて――　家族心理学研究, *27*, 44-56.

Stahmann, R. F. (2000). Premarital counseling: A focus for family therapy. *Journal of Family Therapy, 22*, 104-116.

高木 紀子・柏木 惠子（2000）．母親と娘の関係――夫との関係を中心に――　発達研究, *15*, 79-94.

高石 恭子（2007）．現代女性の母性観と子育て意識の二重性　高石 恭子（編）育てることの困難（pp.169-192）人文書院

谷井 淳一・上地 安昭（1993）．中・高校生の親の自己評定による親役割診断尺度作成の試み　カウンセリング研究, *26*, 113-122.

山住 正己・中江 和恵（編注）（1976）．子育ての書 2　平凡社

吉川 延代（2009）．結婚レディネスとプリマリタル・カウンセリング　榎本 博明（編著）家族心理学（pp.71-81）おうふう

第9章

東 洋（1994）．日本人のしつけと教育――発達の日米比較にもとづいて―― 東京大学出版会

東 洋・柏木 惠子（1980）．母親の態度・行動と子どもの知的発達に関する日米比較研究〈概要〉

Caudill, W., & Plath, D. W. (1966). Who sleeps by whom? Parent-child involvement in urban Japanese families. *Psychiatry: Journal for the Study of Interpersonal Processes, 29*, 344-366.

Clark, R. E., & Clark, J. F., & Adamec, C. A. (2007). *The encyclopedia of child abuse* (3rd ed.). Facts on File.
（クラーク，R．E．・クラーク，J．F．・アダメック，C．（編著）小野 善郎・川﨑 二三彦・増沢 高（監修）門脇 陽子・森田 由美（訳）（2009）．詳解 子ども虐待事典 福村出版）

Donaldson-Pressman, S., & Pressman, R. M. (1994). *The narcissistic family: Diagnosis and treatment.* New York: Lexington Books.
（ドナルドソン＝プレスマン，S．・プレスマン，R．M．岡堂 哲雄（監訳）（1997）．自己愛家族――アダルトチャイルドを生むシステム―― 金剛出版）

Erikson, E. H. (1959). *Identity and the life cycle: Selected papers.* New York: International University Press.
（エリクソン，E．H．小此木 啓吾（訳編）（1973）．自我同一性――アイデンティティとライフサイクル―― 誠信書房）

榎本 博明（2015）．ほめると子どもはダメになる 新潮社

榎本 博明（2016）．「やさしさ」過剰社会――人を傷つけてはいけないのか―― PHP研究所

榎本 博明（2022）．イクメンの罠 新潮社

藤澤 隆史・島田 浩二・友田 明美（2021）．ヒト親性の脳機能と機能不全への介入 発達心理学研究, *32*, 210-218.

博報堂生活総合研究所（2018）．家族30年変化 博報堂生活総合研究所 Retrieved from https://seikatsusoken.jp/family30/

Helfer, M. E., Kempe, R. S., & Krugman, R. D. (Eds.). (1997). *The battered child* (5th ed.). Chicago, IL: The University of Chicago Press.
（ヘルファ，M．E．・ケンプ，R．S．・クルーグマン，R．D．子どもの虐待防止センター（監修）坂井 聖二（監訳）（2003）．虐待された子ども――ザ・バタード・チャイルド――明石書店）

柏木 惠子（2001a）．発達心理学からみた母性・父性 根ヶ山 光一（編著）母性と父性の人間科学（pp.135-159）コロナ社

柏木 惠子（2001b）．子どもという価値――少子化時代の女性の心理―― 中央公論新社

柏木 惠子（2013）．おとなが育つ条件――発達心理学から考える―― 岩波書店

柏木 惠子・永久 ひさ子（1999）．女性における子どもの価値――今，なぜ子を産むか―― 教育心理学研究, *47*, 170-179.

柏木 惠子・若松 素子（1994）．「親となる」ことによる人格発達――生涯発達的視点から親を研究する試み―― 発達心理学研究, *5*, 72-83.

加藤 諦三（1998）．大人になれない親――子どもを愛する能力とは―― 児童心理, *52*, 1-11.

引用文献 243

加藤 諦三（2017）．子どもにしがみつく心理——大人になれない親たち——　毎日新聞出版

牧野 暢男・中原 由里子（1990）．子育てにともなう親の意識の形成と変容——調査研究——　家庭教育研究所紀要，*12*，11-19.

松本 滋（1984）．父なる神と母なる神——宗教における規範性と包容性——　馬場 謙一・福島 章・小川 捷之・山中 康裕（編）父親の深層（pp.119-141）　有斐閣

明治安田生活福祉研究所（編）（2017）．親子白書　きんざい

宮澤 康人（2001）．教育関係のエロス性と教育者の両性具有——教育学における母性・父性問題——　根ヶ山 光一（編著）母性と父性の人間科学（pp.160-186）　コロナ社

水本 深喜（2016）．母親への親密性が青年期後期の娘の精神的自立に与える影響——「母親への親密性尺度」による検討——　青年心理学研究，*27*，103-118.

水本 深喜（2018）．青年期後期の子の親との関係——精神的自立と親密性からみた父息子・父娘・母息子・母娘間差——　教育心理学研究，*66*，111-126.

水本 深喜・山根 律子（2010）．青年期から成人期への移行期の女性における母親との距離の意味——精神的自立・精神的適応との関連性から——　発達心理学研究，*21*，254-265.

信田 さよ子（1997）．一卵性母娘な関係　主婦の友社

信田 さよ子（2008）．母が重くてたまらない——墓守娘の嘆き——　春秋社

大日向 雅美（1988）．母性の研究——その形成と変容の過程：伝統的母性観への反証——　川島書店

斎藤 環（2008）．母は娘の人生を支配する——なぜ「母殺し」は難しいのか——　日本放送出版協会

佐々木 綾子・小坂 浩隆・末原 紀美代・町浦 美智子・定藤 規弘・岡沢 秀彦（2011）．親性育成のための基礎研究（3）——青年期男女における乳幼児との継続接触体験の親性準備性尺度・fMRIによる評価——　母性衛生，*51*，655-665.

高木 紀子（2008）．母における娘への思い　柏木 惠子（監修）塘 利枝子・福島 朋子・永久 ひさ子・大野 祥子（編）発達家族心理学を拓く——家族と社会と個人をつなぐ視座——（pp.38-44）　ナカニシヤ出版

高橋 文子・生島 博之（2017）．青年期の母娘関係における距離と精神的自立についての一考察——精神的健康との関連から——　徳島文理大学研究紀要，*94*，39-50.

棚瀬 一代（2008）．異性との親密性に躓く 30 代女性との面接過程——夢分析を通して——　神戸親和女子大学研究論叢，*41*，147-158.

恒吉 僚子（1992）．人間形成の日米比較——かくれたカリキュラム——　中央公論社

氏家 達夫（1999）．親になること，親であること——"親" 概念の再検討——　東 洋・柏木 惠子（編）社会と家族の心理学（pp.137-162）　ミネルヴァ書房

我妻 洋・原 ひろ子（1974）．しつけ　光文堂

山田 智貴（2022）．「甘え」理論に依拠した親子関係の役割逆転尺度の作成と子どものメンタルヘルスとの関連　家族心理学研究，*35*，122-136.

山田 智貴・平石 賢二・渡邉 賢二（2015）．大学生における親子関係の役割逆転に関する研究——擬似成熟との関連から——　家族心理学研究，*29*，1-18.

第10章

安藤 智子・無藤 隆（2009）．妊娠期から産後1年までの抑うつと養育態度に関する要因の検討　家族心理学研究，*23*, 36-47.

Bird, I. L. (1885). *Unbeaten tracks in Japan: An account of travels in the interior including visits to the aborigines of Yezo and the shrine of Nikko.* UK: John Murray.
（バード，I. L. 金坂 清則（訳）（2013）．新訳　日本奥地紀行　平凡社）

榎本 博明（監修）（2006）．家庭（親）の教育力向上についての研究（I）　家庭の教育力の現状認識につながる研究　大阪市幼児教育センター

Fróis, L. (1955). *Kulturgegensätze Europa-Japan (1585): Tratado em que se contem muito susintae abreviadamente algumas contradições e diferenças de custumes antre a gente de Europa e esta provincia de Japão* (Josef Franz. Schütte S. J, Trans.). Tokyo: Sophia Universität (Original work published, 1585).
（フロイス，L. 岡田 章雄（訳注）（1991）．ヨーロッパ文化と日本文化　岩波書店）

繁多 進（1999）．家庭内暴力・親子不適応　東 洋・柏木 恵子（編）社会と家族の心理学（pp.227-251）　ミネルヴァ書房

ヒュースケン，H. C. J. 青木 枝朗（訳）（1989）．ヒュースケン 日本日記——1855-1861——岩波書店

Kaplan, P. S., Bachorowski, J-A., & Zarlengo-Strouse, P. (1999). Child-directed speech produced by mothers with symptoms of depression fails to promote associative learning in 4-month-old infants. *Child Development, 70*, 560-570.

加藤 吉和（2012）．児童相談所と男性虐待者の間に生じる対立構造について　鎌倉女子大学学術研究所報，*12*, 43-51.

Kempe, C. H., Silverman, F. N., Steele, B. F., Droegemueller, W., & Silver, H. K. (1962). The battered-child syndrome. *Journal of American Medical Association, 181*, 17-24.

こども家庭庁（2023）．令和4年度　児童相談所における児童虐待相談対応件数（速報値）こども家庭庁　Retrieved from https://www.cfa.go.jp/assets/contents/node/basic_page/field_ref_resources/a176de99-390e-4065-a7fb-fe569ab2450c/12d7a89f/20230401_policies_jidougyakutai_19.pdf

Montaigne, M. (1922). *Les essais* (P. Villey, Ed.). Paris: Felix Alcan. (Original work published 1588)
（モンテーニュ，M. 原 二郎（訳）（1965）．エセー（1）　岩波書店）

大澤 朋子（2005）．今日の児童虐待対策の矛盾——「虐待不安」拡大の視点から——　社会福祉，*46*, 67-80.

Righetti-Veltema, M., Bousquet, A., & Manzano, J. (2003). Impact of postpartum depressive symptoms on mother and her 18-month-old infant. *European Child and Adolescent Psychiatry, 12*, 75-83.

庄司 一子（2003）．子育て中の母親が抱く虐待不安　日本教育心理学会第45回総会発表論文集，737.

Straus, M. A., Gelles, R. J., & Steinmetz, S. K. (1980). *Behind closed doors: Violence in the American family.* New York: Doubleday.

引用文献　　　245

（ストロース，M.・ゲルス，R.・スタインメッツ，S.　小中　陽太郎（訳）（1981）．閉ざ
　　された扉のかげで――家族間の愛と暴力――　新評論）

滝野　功（1999）．児童虐待――子ども・家族・社会――　岡堂　哲雄（編）家族心理学入門
　　補訂版（pp.121-138）　培風館

田中　千穂子（2010）．「虐待不安」から見えるもの　都市問題，*101*，84-91．

渡邉　茉奈美（2017）．妊娠期に母親が語る虐待不安の様相――育児経験による違いに着目し
　　て――　発達心理学研究，*28*，1-11．

第11章

Bergman, B., & Brismar, B. (1991). Suicide attempts by battered wives. *Acta Psychiatrica Scandinavica, 83*, 380-384.

千葉　智美・細木　菜々恵・中塚　幹也（2020）．高校生におけるSNSの中でのデートDV　日本
　　性科学会雑誌，*38*，31-42．

Coker, A. L., Davis, K. E., Arias, I., Desai, S., Sanderson, M., Brandt, H. M., & Smith, P. H. (2002). Physical and mental health effects of intimate partner violence for men and women. *American Journal of Preventive Medicine, 23*, 260-268.

榎本　博明（1992）．夫婦間暴力研究の展望　日本家族心理学会（編）家族心理学年報10　家
　　族の離別と再生（pp.115-141）　金子書房

Gayford, J. J. (1975). Wife battering: A preliminary survey of 100 cases. *British Medical Journal, 1*, 194-197.

Gill, A. (2004). Voicing the silent fear: South asian women's experiences of domestic violence. *The Howard Journal of Crime and Justice, 43*, 465-483.

Hershorn, M., & Rosenbaum, A. (1985). Children of marital violence:A closer look at the unintended victims. *American Journal of Orthopsychiatry, 55*, 260-266.

Hornung, C. A., McCullough, B. C., & Sugimoto, T. (1981). Status relationships in marriage: Risk factors in spouse abuse. *Journal of Marriage and the Family, 43*, 675-692.

石川　義之（2005）．ドメスティック・バイオレンス調査の統計解析［I］――男性調査を中心
　　にして――　大阪樟蔭女子大学人間科学研究紀要，*4*，105-127．

寒水　章納・加峯　奈々（2022）．親密なパートナーからの暴力予防教育プログラムの効果と評
　　価方法に関する文献レビュー　看護と口腔医療，*5*，1-10．

Kantor, G. K., & Straus, M. A. (1987). The "drunken bum" theory of wife beating. *Social Problems, 34*, 213-230.

Kantor, G. K., & Straus, M. A. (1989). Substance abuse as a precipitant of wife abuse victimizations. *The American Journal of Drug and Alcohol Abuse, 15*, 173-189.

柏木　惠子（2003）．家族心理学――社会変動・発達・ジェンダーの視点――　東京大学出
　　版会

河田　志帆・西井　崇之・畑下　博世（2023）．高校生のデートDV研究の現状と予防教育の検討
　　京都看護，*7*，1-12．

Kazantzis, N., Flett, R. A., Long, N. R., MacDonald, C., & Millar, M. (2000). Domestic violence, psychological distress, and physical illness among *New Zealand women: Results from a com-*

munity-based study. New Zealand Journal of Psychology, 29, 67-73.

Koss, M. P.（1990）. The women's mental health research agenda: Violence against women. *American Psychologist, 45,* 374-380.

黒澤 泰・加藤 道代（2013）. 夫婦間ストレス場面における関係焦点型コーピング尺度作成の試み 発達心理学研究, *24,* 66-76.

Margolin, G., & Wampold, B. E.（1981）. Sequential analysis of conflict and accord in distressed and nondistressed marital partners. *Journal of Consulting and Clinical Psychology, 49,* 554-567.

Markman, H. J.（1979）. Application of a behavioral model of marriage in predicting relationship satisfaction of couples planning marriage. *Journal of Consulting and Clinical Psychology, 47,* 743-749.

Markman, H. J.（1981）. Prediction of marital distress: A 5-year follow-up. *Journal of Consulting and Clinical Psychology, 49,* 760-762.

松下 由美子（2002）. なぜ男性は女性に暴力をふるうのか？ 和歌山県立医科大学看護短期大学部紀要, *5,* 69-77.

長安 めぐみ（2022）. デートDVの予防教育の効果に関する調査研究――自然言語処理手法を援用した試み―― 女性学, *29,* 130-142.

内閣府男女共同参画局（2024）. 男女間における暴力に関する調査（令和5年度調査）内閣府男女共同参画局 Retrieved from https://www.gender.go.jp/policy/no_violence/e-vaw/chousa/r05_boryoku_cyousa.html

O'Leary, K. D., Barling, J., Arias, I., Rosenbaum, A., Malone, J., & Tyree, A.（1989）. Prevalence and stability of physical aggression between spouses: A longitudinal analysis. *Journal of Consulting and Clinical Psychology, 57,* 263-268.

大野 祥子・数井 みゆき・柏木 惠子（1996）. 結婚・家族観の変動に関する研究（4）――夫婦関係の満足度と家族に関する価値観の変化―― 日本教育心理学会第38回総会発表論文集, *41.*

小澤 美咲・長谷川 博亮（2013）. 思春期・青年期におけるデートDVに関する意識と実態調査――デートDVへの看護介入のあり方についての1考察―― 日本精神科看護学術集会誌, *56,* 311-315.

Rosenbaum, A., & O'Leary, K. D.（1981a）. Marital violence: Characteristics of abusive couples. *Journal of Consulting and Clinical Psychology, 49,* 63-71.

Rosenbaum, A., & O'Leary, K. D.（1981b）. Children: The unintended victims of marital violence. *American Journal of Orthopsychiatry, 51,* 692-699.

最高裁判所事務総局（編）（2021）. 司法統計年報3 家事編 令和2年 法曹会

Smith, D. A., Vivian, D., & O'Leary, K. D.（1990）. Longitudinal prediction of marital discord from premarital expressions of affect. *Journal of Consulting and Clinical Psychology, 58,* 790-798.

Straus, M. A., Gelles, R. J., & Steinmetz, S. K.（1980）. *Behind closed doors: Violence in the American family.* New York: Doubleday.

（ストロース, M.・ゲルス, R.・スタインメッツ, S. 小中 陽太郎（訳）（1980）. 閉ざ

された扉のかげで――家族間の愛と暴力―― 新評論）

Straus, M. A., & Gelles, R. J. (1986). Societal change and change in family violence from 1975 to 1985 as revealed by two national surveys. *Journal of Marriage and the Family*, *48*, 465-479.

坪井 真美 (2023)．中高生のデートDV予防教育に関する文献検討――デートDV予防教育の実施状況および予防教育方法の分析―― 帯広大谷短期大学紀要, *60*, 1-8.

山田 典子・山田 真司 (2010)．高校生のDating violenceの特性と課題 母性衛生, *51*, 311-319.

米山 奈奈子 (2005)．DV被害女性が体験した支援と回復に関する一考察――回復過程における支援の現状と医療機関の役割―― 秋田大学医学部保健学科紀要, *13*, 23-33.

第12章

Alloway, T. P., & Alloway, R. G. (2010). Investigating the predictive roles of working memory and IQ in academic attainment. *Journal of Experimental Child Psychology*, *106*, 20-29.

Alloway, T. P., Gathercole, S. E., Kirkwood, H., & Elliott, J. (2009). The cognitive and behavioral characteristics of children with low working memory. *Child Development*, *80*, 606-621.

Cain, K., Oakhill, J., & Bryant, P. (2004). Children's reading comprehension ability: Concurrent prediction by working memory, verbal ability, and component skills. *Journal of Educational Psychology*, *96*, 31-42.

榎本 博明 (1996)．自殺――生きる力を高めるために―― サイエンス社

榎本 博明 (2024)．学校 行きたくない――不登校とどう向き合うか―― 平凡社

藤永 保 (監修) (2013)．最新 心理学事典 平凡社

古市 裕一 (1991)．小・中学生の学校ぎらい感情とその規定要因 カウンセリング研究, *24*, 123-127.

不登校児童生徒の実態把握に関する調査企画分析会議 (2021)．不登校児童生徒の実態把握に関する調査報告書 文部科学省 Retrieved from https://www.mext.go.jp/content/20211006-mxt_jidou02-000018318_03.pdf

Gathercole, S. E., & Alloway, T. P. (2008). *Working memory and learning: A practical guide for teachers*. London: Sage.
(ギャザコール, S. E.・アロウェイ, T. P. 湯澤 正通・湯澤 美紀 (訳) (2009)．ワーキングメモリと学習指導――教師のための実践ガイド―― 北大路書房)

金子 恵美子・伊藤 美奈子 (2019)．通信制高校における不登校経験者の高校生活満足度と卒業後の適応 日本教育心理学会第61回総会発表論文集, 257.

厚生労働省自殺対策推進室・警察庁生活安全局生活安全企画課 (2024)．令和5年中における自殺の状況 警察庁 Retrieved from https://www.npa.go.jp/safetylife/seianki/jisatsu/R06/R5jisatsunojoukyou.pdf

水口 啓吾・湯澤 正通 (2020)．授業デザインがワーキングメモリの小さい生徒の授業態度に及ぼす影響――先行学習を取り入れた授業に焦点を当てて―― 発達心理学研究, *31*, 67-79.

文部科学省 (2023)．令和4年度児童生徒の問題行動・不登校等生徒指導上の諸課題に関す

る調査結果について　文部科学省　Retrieved from https://www.mext.go.jp/content/20231004-mxt_jidou01-100002753_1.pdf

内閣府（2023）．こども・若者の意識と生活に関する調査（令和4年度）　内閣府　Retrieved from https://warp.da.ndl.go.jp/info:ndljp/pid/12927443/www8.cao.go.jp/youth/kenkyu.htm

小田切 紀子・高崎 蘭（2011）．学校への肯定的感情に影響を与える親子関係と学校の要因　家族心理学研究, 25, 125-134.

岡安 孝弘・嶋田 洋徳・丹羽 洋子・森 俊夫・矢冨 直美（1991）．中学生における学校ストレスの研究　日本心理学会第55回大会発表論文集, 431.

岡安 孝弘・嶋田 洋徳・丹羽 洋子・森 俊夫・矢冨 直美（1992a）．中学生の学校ストレッサーの評価とストレス反応との関係　心理学研究, 63, 310-318.

岡安 孝弘・嶋田 洋徳・坂野 雄二（1992b）．中学生用ストレス反応尺度作成の試み　早稲田大学人間科学研究, 5, 23-29.

Pfeffer, C. R.（1985）. *The suicidal child*. New York: The Guilford Press.
（フェファー, C. R.　高橋 祥友（訳）（1990）．死に急ぐ子供たち――小児の自殺の臨床精神医学的研究――　中央洋書出版部）

Raghubar, K. P., Barnes, M. A., & Hecht, S. A.（2010）. Working memory and mathematics: A review of developmental, individual difference, and cognitive approaches. *Learning and Individual Differences, 20*, 110-122.

Richman, J.（1985）. *Family therapy for suicidal people*. New York: Springer.
（リッチマン, J.　高橋 祥友（訳）（1993）．自殺と家族　金剛出版）

佐藤 修策（2005）．不登校（登校拒否）の教育・心理的理解と支援　北大路書房

先輩ママたちが運営する不登校の道案内サイト『未来地図』（2021）．「不登校を考えるアンケート（保護者向け）」集計結果（https://miraitizu.com/）

下田 光造（1941）．躁鬱病の病前性格について　精神神経学雑誌, 43, 45-101.

田嶌 誠一（2005）．不登校の心理臨床の基本的視点――密室型心理援助からネットワーク活用型心理援助へ――　臨床心理学, 5, 3-14.

高橋 祥友（2008）．自殺予防と家族　日本家族心理学会（編）家族心理学と現代社会　家族心理学年報, 26, 116-128.

滝川 一廣（2005）．不登校理解の基礎　臨床心理学, 5, 15-21.

山田 裕子・宮下 一博（2008）．不登校生徒支援における長期目標としての自立とその過程で生じる葛藤の重要性の検討　千葉大学教育学部研究紀要, 56, 25-30.

湯澤 正通（2019）．ワーキングメモリの発達と児童生徒の学習――読み書き・算数障害への支援――　発達心理学研究, 30, 188-201.

湯澤 正通・渡辺 大介・水口 啓吾・森田 愛子・湯澤 美紀（2013）．クラスでワーキングメモリの相対的に小さい児童の授業態度と学習支援　発達心理学研究, 24, 380-390.

人名索引

ア 行

東洋　158
アマト（Amato, P. R.）　36
アロウェイ（Alloway, T. P.）　226

石井クンツ昌子　106
稲葉昭英　66

上野永子　120
宇都宮博　78

エインズワース（Ainsworth, M. D. S.）
　　112
榎本博明　32，84，86，100，128，182，
　　186，196
エプスタイン（Epstein, N. B.）　12，14，
　　22，24
エリクソン（Erikson, E. H.）　90，154

オールコック（Alcock, J. R.）　176
岡堂哲雄　2，4，6，8，12，14，136
岡村清子　76
岡安孝弘　214
小田切紀子　214
オルソン（Olson, D. H.）　20
オレアリー（O'Leary, K. D.）　204

カ 行

カーター（Carter, E. A.）　136
柏木惠子　8，12，50，64，66，74，76，
　　88，90，124，156，164，166，202
加藤吉和　182
金子恵美子　218
金政祐司　120

鎌田健司　54
鹿又伸夫　52
カムシル（Cumsille, P. E.）　14
川島亜紀子　36
カンター（Kantor, G. K.）　198

ギャザコール（Gathercole, S. E.）　226
金娟鏡　92，94

クラーク（Clark, R. E.）　168
グリック（Glick, I. D.）　32
黒川順夫　81
黒澤泰　70，78，202
グロスマン（Grossmann, K. E.）　114

ゲイフォード（Gayford, J. J.）　198
ケンプ（Kempe, C. H.）　172，178，180

コーディル（Caudill, W.）　158

サ 行

斎藤環　120，122
佐々木綾子　154
佐藤悦子　60
佐藤和夫　16，18
佐藤宏治　126，130
佐藤修策　214

下田光造　222
シュルマン（Shulman, S.）　102
白波瀬佐和子　52
神宮舞香　106

スコペック（Skopek, J.）　52

人名索引

スティアリン（Stierlin, H.） 22
ストロース（Straus, M. A.） 172, 174, 190, 192
スミス（Smith, D. A.） 202

石 暁玲 92

タ　行

高石 恭子 90
高木 紀子 124, 166
高橋 祥友 224
滝野 功 184
詫摩 武俊 2
田嶋 誠一 216
太郎丸 博 52

恒吉 僚子 162

徳満 敬大 106
ドナルドソン＝プレスマン（Donaldson-Pressman, S.） 170

ナ　行

永瀬 圭 52
中野 由美子 104
中村 真由美 50

西村 智代 38

根ヶ山 光一 122

ハ　行

ハーショーン（Hershorn, M.） 198
バード（Bird, I. L.） 176
萩臺 美紀 132
パケット（Paquette, D.） 104
馬場 謙一 130
繁多 進 182

ビーバーズ（Beavers, W. R.） 12, 14, 22
日野 紗穂 106
ヒューズ（Hughes, S. F.） 134
ヒュースケン（Heusken, H. C. J.） 176
平木 典子 32
平山 順子 66, 68
廣瀬 愛希子 36

フェファー（Pfeffer, C. R.） 224
藤澤 隆史 154
二見 雪奈 94
古市 裕一 214
フロイス（Fróis, L.） 174
フロウリ（Flouri, E.） 98

ヘイリー（Haley, J.） 32, 60
ヘッセ（Hesse, H. K.） 75

ボウルビィ（Bowlby, J.） 110, 118
ホーヌンク（Hornung, C. A.） 198
ホフマン（Hoffman, L.） 134
堀口 美智子 66
本田 真大 92

マ　行

牧野 カツコ 90
松田 茂樹 94
栂永 佳甫 58
松本 滋 162
マルクマン（Markman, H. J.） 200
マルゴリン（Margolin, G.） 200

水本 深喜 126, 166
ミニューチン（Minuchin, S.） 28
三宅 和夫 114
宮下 一博 217

メイン（Main, M.） 112

人名索引

本島 優子　116
森 鷗外　123
森 茉莉　123
森岡 清美　16, 18
森田 千穂　68
モンテーニュ（de Montaigne, M. E.）　174

　ヤ　行
藪垣 将　66
山極 寿一　102
山田 智貴　168, 170
山田 昌弘　124
山田 裕子　216, 217
山本 倫子　36

遊佐 安一郎　38

湯澤 正通　226, 228
吉川 徹　52

　ラ　行
ラム（Lamb, M. E.）　96

リッチマン（Richman, J.）　224

レビンソン（Levinson, D. J.）　72, 78

ローゼンバウム（Rosenbaum, A.）　198,
　　200, 204

　ワ　行
我妻 洋　158
渡邉 茉奈美　186

事項索引

ア　行

アタッチメント　110

威圧　66
育児ネットワーク　92
育児不安　90
依存・接近　68

迂回連合　34

遠心的家族スタイル　22

親子の役割逆転　168
親の分離不安　126

カ　行

回避的関係維持コーピング　70
学業不振　226
家族　2
家族円環モデル　20
家族危機　16
家族機能のマクマスターモデル　24
家族システム論　26
家族心理学　2, 6
家族適応性　14
家族内コミュニケーション機能　12
家族発達段階論　134
我慢・譲歩的関係維持コーピング　70
空の巣症候群　74, 148
関係焦点型コーピング　70

虐待不安　186
求心的家族スタイル　22
境界　28

境界感覚　62
共感　66

個人化傾向　76
子育てストレス　84, 104
子育てノイローゼ　88
子育て不安　86
子育て閉塞感　88
固着した連合　34
子どもが学童期　144
子別れ　122

サ　行

サポートギャップ仮説　64
三角関係化　36

自己愛家族　170
自己開示　76
自殺　220
思春期　144
しつけ　162
児童虐待　172
社会的適応機能　14
主人在宅ストレス症候群　82
出産・育児期　140
小1プロブレム　162
情緒的親密性　62
新婚期　136
身体的親密性　64
親密性　62
心理的離乳　120

スケープゴート論　224
ストレスコーピング　188

事項索引

ストレンジ・シチュエーション　112

生計維持機能　12
勢力　38
勢力関係　60
積極的関係維持コーピング　70

ソーシャル・キャピタル　58

タ　行
父親の育児参加　96
父親の子育て参加　98
中年期の危機　72

提携　32
ディストレス　66
デートDV　206

同盟　32
同類婚　52

ナ　行
内的作業モデル　118
殴られる子症候群　178

認知的親密性　64

ハ　行
パラサイト・シングル　124
晩婚化　54

ひきこもり　218

非婚化　54

夫婦間暴力　190
不登校　210

保護・介護機能　12

マ　行
巻き込まれ感　36

未婚化　54
未分化状態　30

無視・回避　68

網状家族　30
もつれ家族　30

ヤ　行
遊離状態　28

養育機能　12
養育性　154

ラ　行
ライフサイクル　134

連合　32

ワ　行
ワーキングメモリ　226

著 者 略 歴

榎本　博明
（えのもと　ひろあき）

1979 年　東京大学教育学部教育心理学科卒業

1983 年　東京都立大学大学院心理学専攻博士課程中退

1992 年～93 年　カリフォルニア大学客員研究員

　　　　　大阪大学大学院助教授，名城大学大学院教授等を経て

現　在　MP 人間科学研究所代表

　　　　　産業能率大学兼任講師　博士（心理学）

主 要 著 書

『「自己」の心理学――自分探しへの誘い』サイエンス社，1998

『〈私〉の心理学的探究――物語としての自己の視点から』有斐閣，1999

『〈ほんとうの自分〉のつくり方――自己物語の心理学』講談社現代新書，2002

『自己心理学 1 ～ 6』（シリーズ共監修）金子書房，2008-09

『「上から目線」の構造』日本経済新聞出版社，2011

『「すみません」の国』日本経済新聞出版社，2012

『「やりたい仕事」病』日本経済新聞出版社，2012

『〈自分らしさ〉って何だろう？』ちくまプリマー新書，2015

『「やさしさ」過剰社会』PHP 新書，2016

『自己実現という罠』平凡社新書，2018

『はじめてふれる人間関係の心理学』サイエンス社，2018

『はじめてふれる産業・組織心理学』サイエンス社，2019

『わかりやすいパーソナリティ心理学』サイエンス社，2020

『教育現場は困ってる』平凡社新書，2020

『「さみしさ」の力』ちくまプリマー新書，2020

『わかりやすい教育心理学』サイエンス社，2021

『はじめてふれる心理学［第 3 版］』サイエンス社，2021

『自己肯定感という呪縛』青春新書，2021

『わかりやすい発達心理学』サイエンス社，2022

『わかりやすい社会心理学』サイエンス社，2023

『学校　行きたくない』平凡社新書，2024

ライブラリ わかりやすい心理学=5

わかりやすい家族心理学

2025 年 4 月 10 日ⓒ　　　　　　　初　版　発　行

著　者　榎本博明　　　　　発行者　森平敏孝
　　　　　　　　　　　　　印刷者　中澤　　眞
　　　　　　　　　　　　　製本者　松島克幸

発行所　　株式会社　サイエンス社

〒151-0051　東京都渋谷区千駄ヶ谷 1 丁目 3 番 25 号
営業 TEL　（03）5474-8500（代）　　振替　00170-7-2387
編集 TEL　（03）5474-8700（代）
FAX　　　（03）5474-8900

組版　ケイ・アイ・エス
印刷　㈱シナノ　　　　　　製本　松島製本
《検印省略》

本書の内容を無断で複写複製することは，著作者および出
版者の権利を侵害することがありますので，その場合には
あらかじめ小社あて許諾をお求め下さい。

サイエンス社のホームページのご案内
https://www.saiensu.co.jp
ご意見・ご要望は
jinbun@saiensu.co.jp　まで.

ISBN978-4-7819-1625-5

PRINTED IN JAPAN

わかりやすい
発達心理学

榎本博明 著
A5判・264頁・本体 2,350 円（税抜き）

発達に関する研究は，かつては子どもが大人に成長していくまでの心身の変化を中心に行われてきました．しかし，科学技術や高齢化の進展などにより，現在では大人になってからの葛藤や，衰えや喪失などを経て死に至るまでの変化を対象とし，生涯発達心理学として研究が行われています．本書は，そのような発達心理学を，わかりやすさに定評のある著者が丁寧に解き明かします．

【主要目次】
第1章　発達とは
第2章　コミュニケーションと言語の発達
第3章　認知の発達
第4章　感情の発達
第5章　自己意識の発達
第6章　情動コンピテンスの発達
第7章　人間関係の発達
第8章　社会性の発達
第9章　パーソナリティの認知
第10章　ライフサイクルと発達段階
第11章　発達移行期の諸問題
第12章　発達障害の理解

サイエンス社